Felix Draeseke

Die Lehre von der Harmonia

Felix Draeseke

Die Lehre von der Harmonia

ISBN/EAN: 9783744668590

Hergestellt in Europa, USA, Kanada, Australien, Japan

Cover: Foto ©ninafisch / pixelio.de

Weitere Bücher finden Sie auf **www.hansebooks.com**

DIE LEHRE

von der

HARMONIA

in

lustige Reimlein gebracht,

mit serieusen Exemplis und Aufgaben ausgestattet

und

denen eifrigen Schülern zur Stärkung des
Gedächtnisses eindringlich empfohlen

von

Felix Draeseke.

2. vermehrte Auflage.

Preis gebunden 3 Mark.

Leipzig, Petersburg u. Moskau.
Jul. Heinr. Zimmermann.
1887.

Widmung.

Du hast mich freundlich einst beordert
Ein theoretisch Werk zu schreiben.
Lang liess ich's ungesagt mir bleiben.
Zu andern Zielen wollte treiben
Mein Geist. — Doch sieh', was Du gefordert
Jetzt vor Dir. Anders zwar gestaltet,
Als Du gehofft, doch Fatum waltet
Auch über Büchern. Drum vergieb,
Wenn Verskunst mir vor Prosa lieb,
Und ich in Reimen niederschrieb,
Was ohne solche abzuhandeln.
Mich mochte keine Lust anwandeln.

Vorwort.

Gar trocken ist die Theorie,
Drum meidet mancher gänzlich sie,
Hat doch Erfolg, und weiss nicht, wie?
    Zwar solches Thun ist nicht gediegen,
    Die Lücken bleiben nicht verschwiegen,
    Faulheit muss schliesslich unterliegen!
Doch kommt bei alldem klar zu Tag,
Nicht immer nur am Schüler lag
Die schwere Schuld die er verbrach.
    Des Lernens Schwierigkeit zu mindern
    Soll nie den Lehrer man verhindern
    Gar manches Herbe lässt sich lindern.
Und sei der Unterricht auch strenge
Quäl' er uns doch nicht durch die Menge
Der Regeln und durch Ueberlänge.
    So kam es, dass die Trockenheit
    Zu scheuchen, die ja Jeder scheut,
    Ich mich der Poesie geweiht.

Die Lehre von den Harmonieen
Gereimt sieh dir vorüberziehen,
Dass dein Gedächtniss nie mög' fliehen,
Was du an Wissen aufgebahrt.
Denn dieses ist der Verse Art,
Dass gern Erinn'rung sie bewahrt.

Dresden, im April 1883.

Der Verfasser.

Als ich dies kleine Buch geendet
An das ich manche Müh' verschwendet,
Da schaut' ich wohl viel heitre Mienen,
'Doch hat mir heiter nicht geschienen,
Dass man's für Spass nur wollte nehmen,
Sich niemand mochte gern bequemen,
Den ernsten Inhalt aufzuspüren,
Der Euch zur Klarheit sollte führen.
Ob sich in Verse alles kleidet,
Ist von dem Nöth'gen nichts vergessen,
Zu lehren alles Euch vermessen
Durft' ich mich kühnlich, denn es meidet
Mein Büchlein nur unnöth'ge Last,
Die jedem nicht zu tragen passt.

Drum, dass des Ernstes ich beflissen,
Das Zeugniss sollet Ihr nicht missen!
Ich spend' Exempla Euch, serieuse,
Damit vor kund'ger Hand die böse
Unthat entfliehen mög', mit List
Ihr jede Quint zu meiden wisst,
Die Sept auch delicat behandelt,
Und weit ab von dem Querstand wandelt.

Inhaltsverzeichniss.

Fehler und Errata.

Zum F (nicht C) ein A etc. S. 9, 7. Zeile von oben.
Bassschlüssel statt Violinschlüssel S. 12, letztes Beispiel.
Dem statt den S. 14, 3. Zeile von unten.
C-E-G, statt: dass E-G S. 56, 3. Zeile von oben.
Praeceptor statt Praeepter S. 60, 1. Zeile von unten.
♯ vor g statt vor h S. 80, erster Tact.
Nach: „inficirt gefunden" ist der Punkt zu streichen S. 111, 1. Zeile
  von unten.
Herrlichkeit (e statt a) S. 139, 13. Zeile von unten.
Im vorletzten Tacte fehlt das ♭ vor E S. 155.
Im zweiten Tacte fehlt ♯ vor C S. 157.
Im zweiten Tacte fehlt ♭ vor D S. 169.
Das erste Notenbeispiel wolle man sich vor § 18 gesetzt denken, (acht
  Zeilen höher) S. 12.

Aufgaben zur Lehre von der Harmonie.

I.

Tonica und beide Dominanten in Dur. (Cap. 8.)

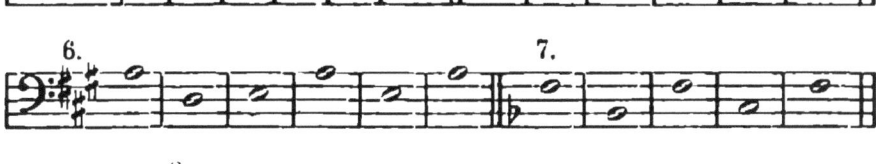

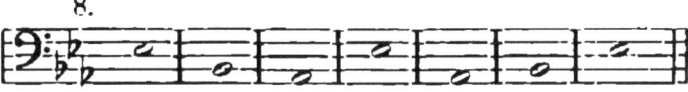

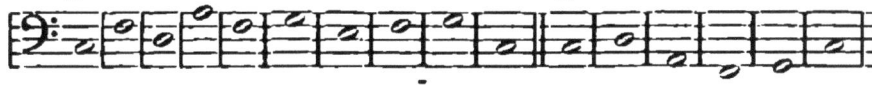

II.

Nebendreiklänge der Durtonart. (6., 3. und 2. Stufe. Cap. 8.)

1.

2.

3.

4.

I

III.

Umkehrungen der Dreiklänge. (Cap. 11, 12 und 13.)

IV.

Verminderter Dreiklang (7. Stufe) nur als Sextaccord gebraucht. (Cap. 11.)

V.

Dreiklänge und Umkehrungen der Molltonart.
(Trugschluss. Cap. 10 und 14.)

VI.

Vierklänge. Dominantenverbindungen. Quintsextaccord der 2.,
Secundaccord der 5. Stufe.   Dominant-Septimenaccord.
(Cap. 17, 18, 19, 20.)

Moll-
tonart:

VII.

Umkehrungen des Dominantseptimenaccordes. (Cap. 20.)

Durtonart:

Molltonart:

VIII.

Septimenaccord auf der 7. Stufe. (Cap. 21.)

IX.

Verminderter Septimenaccord (7. Stufe in Moll). (Cap. 21.)

X.

Nebenseptimenaccorde. (Cap. 22.)

Dur:

XI.

Ungewöhnliche Septimenauflösungen.

Accorde des übergreifenden ˙Systems. (Cap. 25 u. 26.)

XII. Uebermässiger Sextaccord.

XIII. Uebermässiger Terzquartsextaccord.

XIV. Uebermässiger Quintsextaccord.

NB. Falls diesem Accorde nicht der Quartsextaccord der Tonica, sondern sofort die Dominante folgt, ist darauf zu sehen, dass Quarten-, nicht Quintenfolgen eintreten.

XV.

Aufzulösende Accorde.   (Nach dem 26. Cap.)

Nach jedem Accord ist ein leerer Tact für die Auflösung zu setzen.   Als Auflösung ist womöglich stets eine Consonanz zu setzen.

Erfolgt eine Auflösung in den Quartsextaccord so ist dieser selbst wieder aufzulösen.

Ueberall ist die Tonart vom Schüler beizuschreiben sowie auch die Bezifferung der Accorde.

Vorstehende, in den andern uns bekannten Harmonielehren fehlenden Aufgaben halte ich nicht nur für sehr nützlich, sondern geradezu unerlässlich.

XIII.

Vorhalte. (Capitel 28.)

In Vorhalts-Harmonien umzuwandeln und dann zu beziffern.

in dieser Weise weiter

NB. wo Vorhalte unmöglich, ist doch für Bewegung zu sorgen.

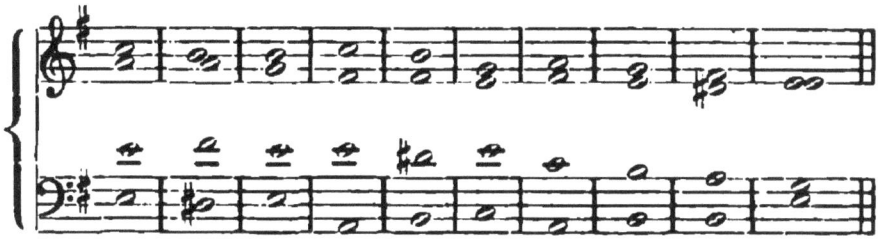

Bezifferte Vorhaltsbeispiele. Man unterscheidet wohl zwischen $\begin{smallmatrix}7\\3\end{smallmatrix}\;\begin{smallmatrix}6\\-\end{smallmatrix}$ und $\begin{smallmatrix}7\\5\\3\end{smallmatrix}\;\begin{smallmatrix}6\\-\end{smallmatrix}$.

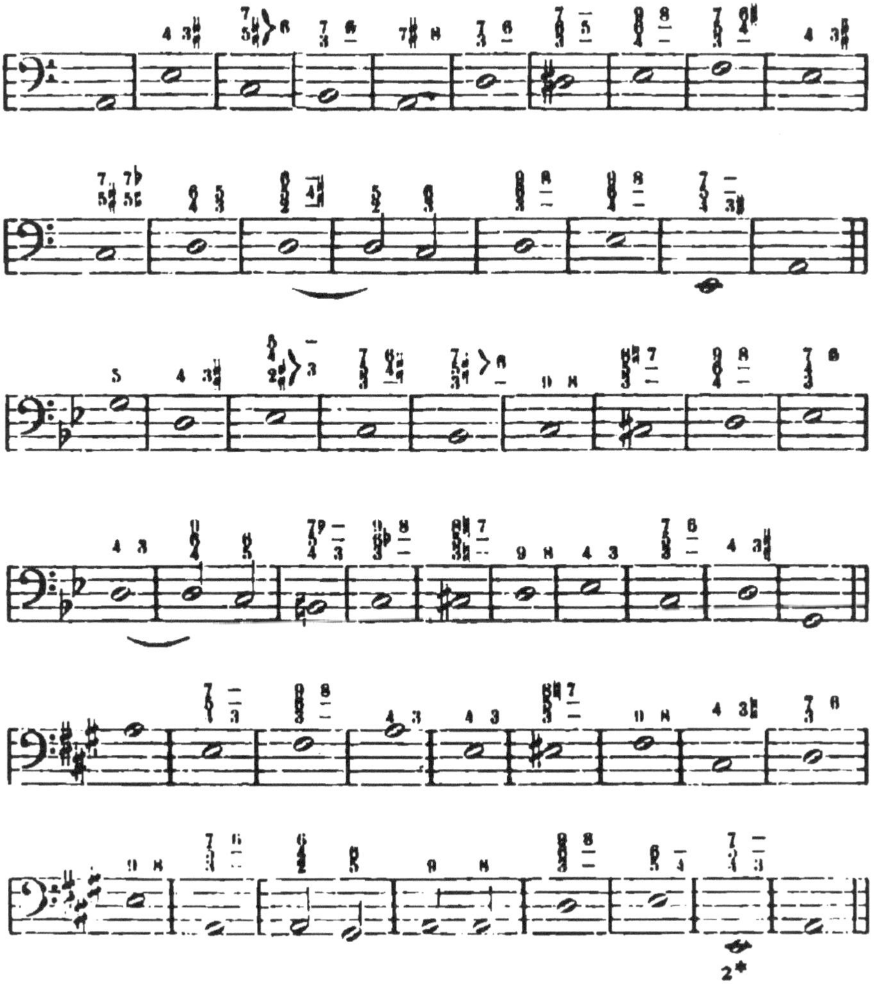

XIV.

Orgelpunkt. (Cap. 29.)

Vom Schüler zu beziffern.

Bezifferter Orgelpunkt auszuführen.

Orgelpunct frei zu entwerfen. (Es ist darauf zu achten, dass eine melodische Linie entweder aufwärts oder abwärts, oder beides nacheinander, entstehe.)

2 Harmonien auf den Tact.

XV.

Freie Harmonie zu finden.

Diese Beispiele sind nach Belieben des Lehrers, entweder erst jetzt, oder auch schon früher zu verwenden.

I. Zu Bässen. (Dreiklänge und Sextaccorde hauptsächlich zu verwenden. Die Quartsextaccorde meist in der Cadenz, sowie die zur Cadenz gehörigen Septimenaccorde.)

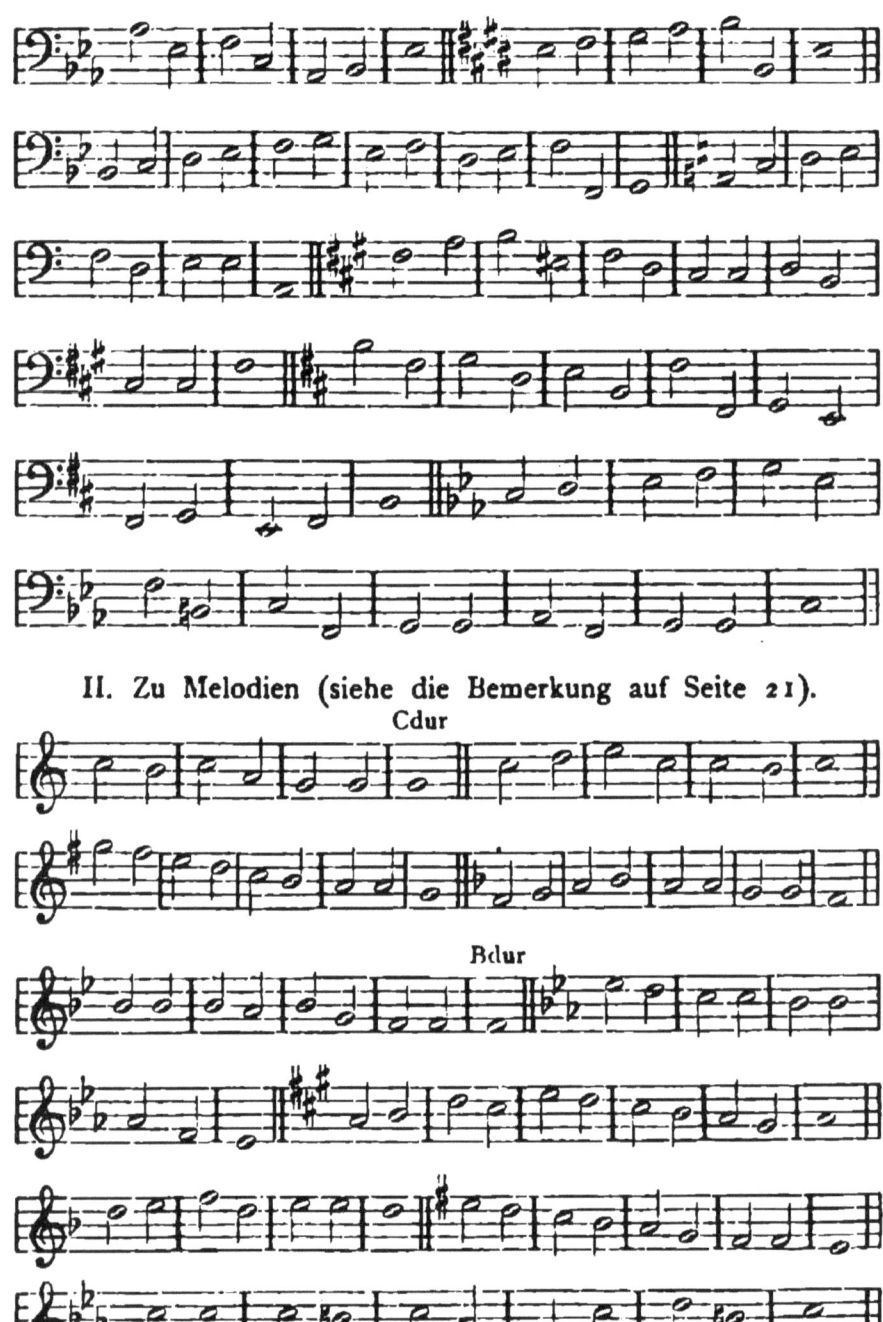

II. Zu Melodien (siehe die Bemerkung auf Seite 21).

Cdur

Bdur

Die Nebenseptimenaccorde der Dur- und Molltonleiter sind mit zu verwenden (besonders als Quintsext- und Secundaccorde).

Freie Harmonien zu Melodien (siehe die obige Bemerkung).

3 selbständige Harmonien auf jeden Tact.

Harmonien zu Bässen. Verwendung von Accorden des übergreifenden Systems; Modulationen.

Harmonien zu Melodien (siehe die vorstehende Bemerkung).

nach Emoll   nach C   Hmoll   G

Fismoll   D   B

F

Grössere melodische Sprünge.

C

Modulationsaufgaben.

I. Von Esdur nach As, Bdur, f, g, cmoll.
   Von Edur nach A, Hdur, fis, gis, cismoll.
II. Von Adur nach Cis, F, C, Fisdur.
   Von Asdur nach C, Fes, Ces, Fdur.
   Als Anhang mittelst Trugschlusses nach den Parallelton-
   arten, also:
   Von Adur nach ais, d, dismoll.
   Von Asdur nach a, as, dmoll.
   NB. Im ersten Falle amoll weggelassen, da man vom
   selben Dur ins selbe moll und vice versa nicht modulirt,
   im zweiten Falle des moll, weil ungebräuchlich.

III. Von Ddur nach Cis, Esdur, cis, ais, cmoll.
    Von Esdur nach D, Fesdur, h, dmoll.
IV. Von Desdur nach Gdur, emoll.
    Von Gdur nach Cisdur, aismoll.
 V. Von Asdur nach Gesdur, esmoll.
    Von Hdur nach Adur, fismoll.
VI. Von Ddur nach As, Desdur, f, bmoll.
    Von Fdur nach Ces, Fesdur, asmoll.
    Von Fisdur nach C, Fdur, a, dmoll.
VII. Von Amoll nach B, C, D, E, F, Gdur.
    Von Hmoll nach C, D, E, Fis, G, Adur.
    Von Dismoll nach E, Fis, Gis, Ais, H, Cisdur.
    Von Gmoll nach As, B, C, D, Es, Fdur.
    Von Bmoll nach Ces, Des, Es, F, Ges, Asdur.
VIII. Von Fismoll nach C, F, B, Esdur.
    Von Fismoll nach c, g, d, amoll.
    Von Fmoll nach G, D, A, Hdur.
    Von Fmoll nach gis, fis, h, emoll.
    Von Asmoll nach C, G, D, Adur.
    Von Asmoll nach fis, h, e, amoll.
    Von Gismoll nach C, F, B, Esdur.
    Von Gismoll nach c, g, d, amoll.
 IX. Von Edur nach Es, As, Des, Gesdur.
    Von Edur nach es, b, f, cmoll.
    Von Asdur nach E, H, Fis, Cisdur.
    Von Asdur nach ais, dis, gis, cismoll.
    Von Cisdur nach Es, As, Des, Gesdur.
    Von Asmoll nach cis, gis, dis, aismoll.

Erstes Buch.

Von Dreiklängen lehrt dieses Buch
Umkehrungen, Cadenz; von Lug-
Und Trug-schluss hörest du genug.

Erstes Capitel.

1. Hörst du zuerst 'nen Ton allein,
Und willst damit zufrieden sein,
So sparst du später grosse Pein.
  Doch kaum zur Melodie genügt
  Dies. Wenn nichts Neues sich anfügt,
  So wirst du leichtlich missvergnügt.
Wenn Töne nach einander schallen,
In Linien auf- und abwärts wallen,
Wird Melodie dir wohl gefallen.

Ein Ton.

2. Doch hilft kein Nacheinander singen,
Soll Harmoniewirkung gelingen,
  Zwei müssen schon zusammen klingen.
Hör' drei zugleich und sei berückt,
Durch Harmonie bist du entzückt,
Der Vierklang auch dich hoch beglückt.

Zwei Töne.   Drei Töne.   Vierklang.

1*

3. Nun merke, dass ein tiefer Ton,
(Trittst Orgel-Pedal du, mein Sohn,)
In voller Jugendkraft und Schöne
Erzeugt sehr viele Obertöne.
Der Obertöne reiche Zahl
Bereit' uns nicht zu grosse Qual.
Denn von den vier, fünf ersten man
Schon manches Neue lernen kann.

4. Wenn erst das grosse C erklang,
So brauchst du nicht zu suchen lang,
Und die Octave siehst du winken.
Sie wird Bestätigung dir dünken,
Des Tones, den du itzt gehört.
Die Einheit ist noch nicht gestört.

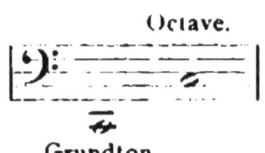

5. Doch nun erschallt ein neuer Ton.
Es spricht die Quint der Einheit Hohn,
Und will uns scheinen gegensätzlich.
Zwar siehst ein fernres C du plötzlich,
Doch dieses schafft den Gegensatz
Nicht von dem eingenomm'nen Platz.
Da naht die Terz, das holde E
Und schafft ein Ende jedem Weh',
Vermittelnd wirkt sie voller Feinheit
Und zeugt des Dreiklangs höhre Einheit.

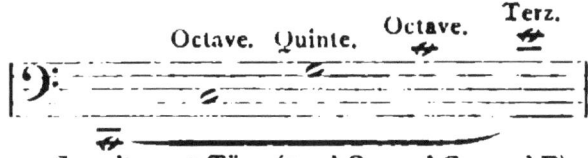

Grundton. 5 Töne (3mal C, 1mal G, 1mal E).

6. Bemerke wohl, du hörst fünf Töne,
Durch sie erklingt in voller Schöne
Die allerbeste Consonanz,
Entzücket dich mit ihrem Glanz.
Dreimal siehst du das C vertreten,
Nur einmal ist die Quint von Nöthen,
Sowie die Terz, dess hab' wohl Acht,
Da später dessen wird gedacht.

Dreiklang mit dreifachem Grundton.

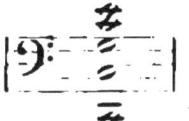

7. Willst du den Dreiklang nun erblicken,
Wie er aufs Nöthige beschränkt,
Dich etwas minder wird entzücken,
Sei höher noch dein Blick gelenkt.
  Zu den erwählten Tönen füge
  Die zweite Quinte G hinzu,
  In Ton: drei, vier, fünf, schauest Du,
  Was deinen Wünschen wohl genüge.
Der Dreiklang C-E-G dich grüsst,
Grundton und Quint die Terz umschliesst.
Drei Töne nur hört itzt dein Ohr,
So stellt sich dir der Dreiklang vor.

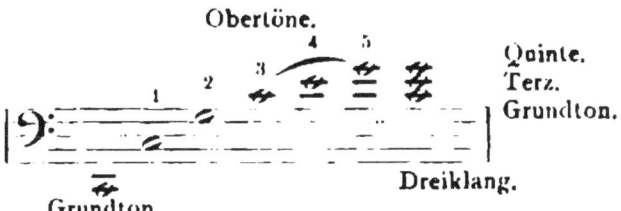

Zweites Capitel.

Von vollster Consonanz umgeben
Magst du in Götterwonne schweben,
Doch wird dieselbe Harmonie
Hörst du sie täglich, spät und früh,
Mit Langeweile dich umweben.
   Es ward dir der Nachahmungstrieb.
   Werd' sein bewusst und ihm zu Lieb'
Bedenke wie du neues findest. —

8. Wenn du des Dreiklangs Art ergründet,
So siehst du dass die Quinte rein,
Die Terz muss gross gestaltet sein.

Dreiklang.

9. War G der Gegensatz zu C,
So steig' von dort aus in die Höh'.
Die reine Quinte D schau' da,
Als grosse Terz vorstellt sich H.
   Und G-H-D als neuer Dreiklang.
   Vergnügt dich eine kleine Zeit lang.
Nur merke dass sich schaffet Platz
Auf's Neue hier der Gegensatz. —
   Der neue Dreiklang stört die Ruhe
   Des ersten. Also auf die Schuhe
   Mach dich, den dritten aufzufinden,
   Dem beide freudig sich verbinden.
Dann aber Leser spitz' dein Ohr!
Jetzt kommt was Interessantes vor.

Nachgeahmter Dreiklang auf G.

10. Du denkst, dass dich beim Abwärtsschreiten
Zu Gleichart'gem dein Trieb werd' leiten
Allein, mein Lieber, weit gefehlt!
Die Quint zu finden, uns nicht quält.
Von C abwärts ist F zu schauen.
Die grosse Terz doch, dir wird grauen,
Von C abwärts ist As, nicht A,
Haha, mein Sohn, wie wird dir da?

Nachgeahmter Dreiklang,
von C aus abwärts construirt.

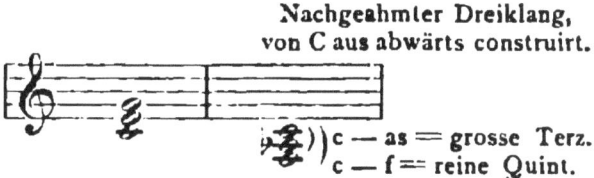

c — as = grosse Terz.
c — f = reine Quint.

Bémerke dass in der Musik
Ganz so, wie in der Mathematik,
Wo manche Rechnung nicht will passen,
Wenn du mit Null dich eingelassen,
Aufwärts und abwärts, gleich nicht ganz.
Zwar F-As-C ist Consonanz.
Doch Moll-Accord, und wirkt passiv.
So sprach schon Hauptmann einst sehr tief.

11. Bedenke wohl nun, dass inmitten
Der erst gefundne Dreiklang liegt
Von beiden andern. Lass dich bitten
Zu merken, wie auch hier sich's fügt,
Dass alle Zweiheit ist geschwunden
Zu höh'rer Einheit sind verbunden
Der drei Dreiklänge Harmonien.
Hieraus die Tonart will erblühn.

Die Tonart.

obre Seite

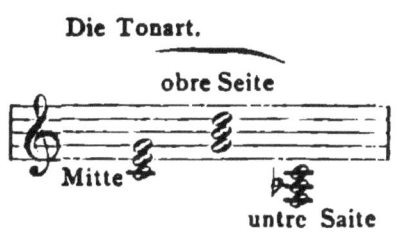

Mitte

untre Saite

Drittes Capitel.

Oft fällt das Schaffen selbst nicht schwer,
Doch quält der Geist sich manchmal sehr,
Wie Neugeschaffnes zu benennen.
Dann wird ein böser Streit entbrennen
Ob solchen Tandes. — Dies sei fern
Von uns, wir acceptiren gern
Jed' Wörtlein, kling' es auch geziert
Da drob zu zanken, zu nichts führt.

12. Benamset ist „Molldur-Tonart",
Was itzt von uns gefunden ward.
   Die Mitte nenne Tonica,
   Dann sind zwo Dominanten da,
Dich grüsst in Dur die ob're voll,
Wie Tonica. — Doch weint in Moll
Das F-As-C. Nicht woll's vergessen,
Sonst wird viel Leid dir zugemessen.

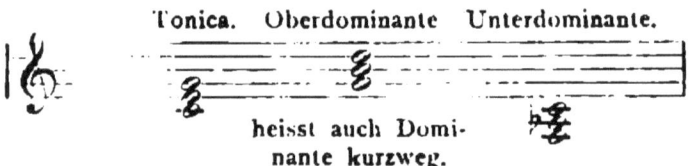

Tonica. Oberdominante Unterdominante.
heisst auch Dominante kurzweg.

13. Das Bild der Tonart schau dir an,
   Durch Anschauung wird sicherer man.
Doch wolle ferner auch bedenken,
Es that Vergleichungstrieb dir schenken
Natur! — Benutze solche Kraft,
Die dir viel Liebes noch erschafft!

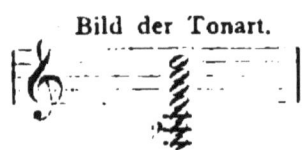

Bild der Tonart.

14. C-E ist eine grosse Terz,
Doch klein ist As von F aufwärts.
Zwar ist das F dir nun vertraut,
Und da du weisst wie aufgebaut
Der Dreiklang sich, so nimm als Bass
F an, und es ergibt sich, dass
Zum C ein A als Terz erklinge.
Hah! deine Freud' ist nicht geringe.
Mit F-A-C gelangst du schon
Zur reinen Dur-Tonart, mein Sohn.
In dieser wunderbaren Tonart
Sind all die drei Dreiklänge schon hart.
    Indess ist das Vergleichstalent
    Mit seiner Wirkung nicht am End'.

Ausgleichung von Tonica und Unterdominante..

G-H-D bleibt unberührt (hart).

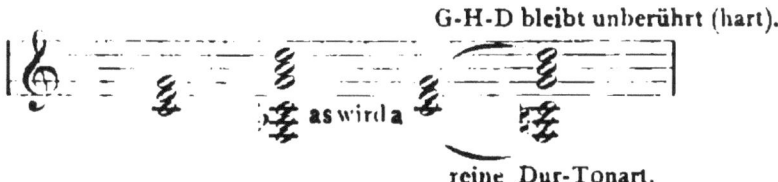

reine Dur-Tonart.

15. Denk dir, F-As-C bleib' stabil,
Dann bleibt ja übrig wohl nicht viel,
Als dass sein Nachbar sich bequemen
Mög', Es statt E zur Terz zu nehmen,
Da C-Es klein, wie F-As war.
    Mir dünkt, dies sei genügend klar.
Nun juble! denn zu deinem Glücke
Bot sich zur Molltonart die Brücke.
Hier tönt die Tonica in Moll
C-Es-G, und des Molles voll
Die Unterdominante auch
Sich gibt. Doch trotzet ihrem Brauch
Das G-H-D. Ob Moll, ob Dur
Die Tonart, oben herrschet nur

Der harte Dreiklang. G-H-D
Glich ja von Anfang C-E-G
Drum hatte wirksam sich zu regen
Hier niemals dein Vergleichsvermögen.

Andre Ausgleichung von Tonica und Unterdominante.

G-H-D bleibt unberührt (hart).

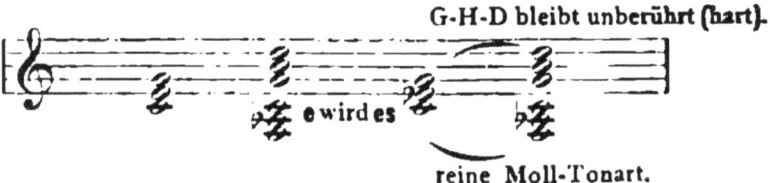

reine Moll-Tonart.

Viertes Capitel.

Es häufte sich das Material
Roh um dich, würde dir zur Qual,
Wollt' nichts sich hier mit Anderm binden,
Kein Dreiklang den Genossen finden.

16. Du brauchst dich weiter kaum zu quälen,
Das Bindemittel wird nicht fehlen.
Betrachte Tonica genau,
Auch Oberdominante schau
Dir g'nügend an, und sieh die beiden
Sich um das werthe G beneiden.
Dies G, von schönem Mädchenmunde
Gesungen, dien' zum Dreiklangsbunde.
Voll Weisheit wirst zum D du lenken
Das E, und in das H versenken
Das C, derweil forttönend G
Verbindet beide Dreiklänge.

Dreistimmige Verbindung von Tonica und Oberdominante.
Bindeton.

17. Die Unterdominant' indessen
Woll', lieber Leser nicht vergessen.
Verbind' auch sie der Tonica,
Denn dazu sind die Dinger da,
Da wirst du denn sogleich erspähen,
Dass C in beiden ist zu sehen.
Drum lass forttönen diesen Ton
Als Bass, — das andre macht sich schon.

Dreistimmige Verbindung von Tonica und Unterdominante.

Bindeton.

Mit unvergleichlich richt'gem Treff-
Vermögen lenkst du E nach F,
Indem nach A hin G sich wendet.
So wär auch dies Geschäft beendet.
Doch wieder spitzen woll' dein Oehrlein,
Denn noch ist deine Kenntniss sehr klein!
Wie in der ganzen Theorie
Willkür-Gesetze ich dir nie
Gegeben, — wie zum Neuen nur
Vom Alten leitet dich Natur —
So sieh, dass, was ich jetzt verkündet
Auf's Neu' sich hier bewähret findet.
Für G-H-D steht H-D-G.
Und weiter, sieh! statt F-A-C
Schaut C-F-A, dich Leser an.
Hab' ich doch meine Freude dran!
Du weisst, umfängt einmal der Bann
Ihn der Gesellschaft, jeder Mann,
Sich nicht so gehen lassen kann,
Als wenn ihn Hausgewand umfängt.
So wird der Dreiklang auch gedrängt,
Will er mit seiner Art verkehren,
Sich gegen Gêne nicht zu wehren.

Drum wolle folgendes erwägen,
Wenn Dreikläng' sich zusammenlegen,
So wird der zweite sich bequemen,
'Ne andre Lage anzunehmen.
Die Terz wird dann im ersten Falle
Bassnote, alle Intervalle
Verwenden sich, Terz, Sext zum Grundton,
Erklinget nun. Dies sei dir kund, Sohn!

18. Umkehrung dies Verfahren nennt man
H-D-G, den Accord doch kennt man
Als Sextaccord, da ohn' Belang
Der Terz Nam' ist in diesem Klang.
Betrachte nun die Intervalle
In C-F-A, so wirst ohn' alle
Anstrengung du sofort ersehn'.
Dass Quart' und Sext' vor dir ersteh'n.

Erste Umkehrung des Dreiklangs, Text-Sext-Accord, gewöhnlich kurzweg Sext-Accord genannt.

19. Die zweite Umkehrung des Dreiklangs
Ist dies, sie macht viel Mühe Anfangs
Dem Schüler im vierstimm'gen Satz.
Davon sprech' ich an andrem Platz.

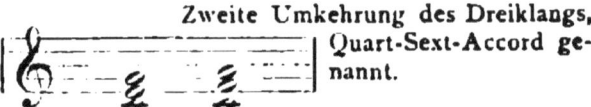

Zweite Umkehrung des Dreiklangs, Quart-Sext-Accord genannt.

20. Mit „Sechs" die erste wird bezeichnet.
„Sechs, vier" sich für die zweite eignet.
Quartsextaccord ward sie benannt,
Und vielfach sehr schlecht angewandt.
Manch Beispiel ist mir wohl bekannt.

Bezeichnung mit Ziffern
des Sextaccords.   des Quart-Sextaccords.

Fünftes Capitel.

„Es erben sich Gesetz und Rechte
Wie eine ew'ge Krankheit fort!"
Du kennst des grossen Göthe Wort,
Und wahrlich hier auch ist's am Ort,
Da manches Theoriegeflechte
Noch immer will die alte, schlechte
Anschauung schützen vor dem Tod,
Der ihr durch bessres Wissen droht.
    Lass, Publicum, dir neues künden.
    Du selbst sollst die Tonleiter finden,
    Und zwar, die ursprünglich Natur
    Uns gab, von Tritonus keine Spur.

21. Beschau das letzte Material
So findest du die Siebenzahl
Von H, C, D, E, F, G, A.
Die Tonleiter ist dann schon da.
Doch merke gleich zu dieser Stunde
Du wirst bekannt mit der Secunde,
Die sich, im allerersten Fall
Zeigt als melod'sches Intervall.

Die Töne der Tonica und beider Dominanten ergeben die natürliche
Tonleiter von H bis A.

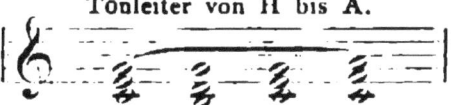

22. Wo Dreiklänge sich sonst verbinden,
Wirst du Secundenschritte finden
    Wenn Grundton, Terz und Quint erklingen
    Harmonisch gleichzeitig, so singen
    Hörst nacheinander du Secunden.

Secundenschritte (in halben Noten angegeben).

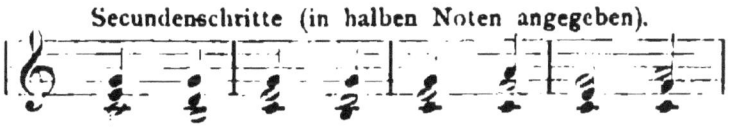

Hier wird der Unterschied gefunden
Von Harmonie und Melodie.
Vergiss o Leser dieses nie.

    23. Bemerke auch, dass der Ton H
Dem Grundton von der Tonica
Ist nahgelegt, daraus wir schon
Erkennen ihn als Leiteton.
Als solchen, der zum Grundton leitet,
Nicht aufwärts zur Octave schreitet,
So dass der böse Tritonus
Sein schnödes Leben lassen muss.

Natürliche Tonleiter.

H (Leiteton) liegt unter dem Grundton.

    24. F-G-A-H, der schlimme Schritt. —
Ihm gab man diesen Namen mit
Der Sänger ihn nicht leiden kann.

Tritonus.

    25. Allein du siehst, ihn findet man
Nur auf der Leiter, die zur Höh'
Sich schwingt vom C zum höher'n C.
    Da nun Natur von H bis A
    Die Töne häufte, fand sich ja
    Ein Tritonus wohl nirgends da.
Das Ding hat Menschenwitz geboren
Darüber ging die Ruh' verloren
Den alten braven Theoriemann.
    (Nicht etwa Dr. Hugo Riemann
    Der ihn beseitigen half.) Verzieh' man

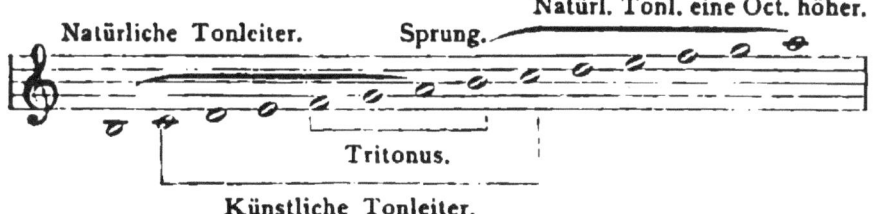

Den Irrthum, so geschah's weil nie man
Von andrem wusste.   Tritonus
Schwelgt' weiter drum im Hochgenuss.
   Doch jetzo ging es ihm an's Leben.
   Gott woll' ihm ew'ge Ruhe geben.

Sechstes Capitel.

26. Der Töne sieben lerntest kennen
O Schüler, du, und wir benennen,
Um dich vor Confusion zu wahren,
Sie, wie es schon geschah seit Jahren.
Von C bis H sieh' sieben Stufen
Der Durtonleiter.   Hörst Du rufen
Die siebente, so denk' an H.
Die erste bleibt der Tonica
Auf vier und fünf ruh'n Dominanten. —

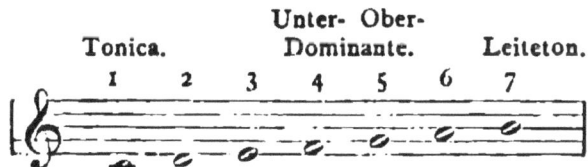

27. Wenn du der Tonart Bild betrachtest,
Und auf die Dreiklangsstellung achtest,
So siehst du beide an den Kanten
Sich lagern, Tonica inmitten.

28. Nun aber Leser, muss ich bitten,
Nach andren Klängen noch zu spähen,
Zuerst wirst E-G-H du sehen
Ein flauer Klang von Moll-Charakter
Im C-dur nur sehr wenig packt er.

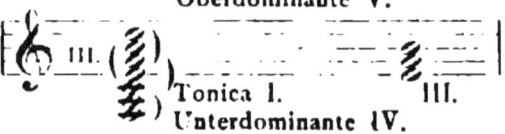

27. Bild der Tonart. 28. Accord der dritten Stufe.
Oberdominante V.
Tonica I. III.
Unterdominante IV.

29. Dagegen A-C-E gar häufig
Sich findet. Sei's drum auch beiläufig
Bemerkt, dass Paralleltonart
Im Amollklang gefunden ward.

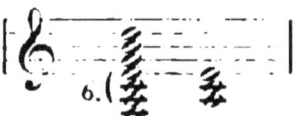

Accord der VI. Stufe (Paralleltonart).

30. Was dies bedeute, willst du fragen.
Drauf werd' ich schon Bekanntes sagen
Im C-dur- und A-moll-Klang findet
C-E sich vor und es verbindet
Als Quinte aufwärts sich das G
Abwärts das A, — sodass C-E,
Strebst du von ihm aus in die Höh'
Uns grüssen mag' als Prim' und Terz;
Wenn es vereint mit A (abwärts),
Als Terz und Quint' es uns erscheinet,
Sodass dein Geist sehr wohl vermeinet,
In C-E den Grundklang zu schauen,
Aus dem sich gleichzeitig erbauen
Die Durtonart und Molltonart. —
  Wenn nun von dir gefunden ward,
Dass beid' ein Intervall verbindet,

Erscheint der Nam' dir wohlbegründet,
Den ich bemüht war zu erklären.

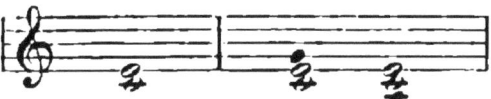

CE verbindet sich aufwärts mit G zum Cdur-, abwärts mit A zum
Amoll-Accord.

Kein Zweifel wird dich mehr beschweren,
Drum lass dich, Sohn, was Neues lehren!
Wohl wird der Einfachheit gehuldigt,
Der Complicirtheit wird beschuldigt
Die ganze neuere Aera.
Doch unumstösslich ist, dass wer A
Gesagt einmal, muss B auch sagen.
So wird dich unerbittlich jagen
Das Fatum in die Complicirtheit.
Drob sei, so rath' ich, nicht genirt heut'.

31. Die Unterdominante spendet
F-A, die obre D dazu.
Da merkt ein Jeder wohl im Nu,
Dass von der zweiten Stufe du
Den Dreiklang siehst, doch umgewendet
Zum Sext-Accorde. — Hab' dess Acht.
Dies Wissen dir einst Freude macht.
    Vergiss nicht die Zusammensetzung;
    Auch dies dient später zur Ergötzung.
Und denke dass F-A-D immer
Von Unterdominant' 'nen Schimmer
Behält. So wirst du handeln klug. —

Sextaccord des Dreiklangs der zweiten Stufe.

II.

32. Nun lenk' nach oben deinen Flug.
H-D siehst du dem untern F
Gepaaret, aber, weh dir, treff'
Ich F-H-D in deiner Arbeit!
Dann wärst du von der Wahrheit gar weit!

schlecht, Quartsextaccord des Dreiklangs der
siebenten Stufe.

Was mag's als Dreiklang für ein Klang sein,
So fragst du. Lass dir drum nicht bang' sein.
Denn siehst die Quinte du vermindert,
Dies doch nicht die Verwendung hindert.
   Es ist H-D-F ein Embryo
   Von Dominant'. Doch frag' nicht wie, o,
   Mich Schüler! — Diese Kunde kommt schon
   Dereinst, wenn jetzt sie dir nicht frommt schon.

33. Einst kam uns eine Sage nah
Von jenem Dreiklang D-F-A,
Als sei auch dessen Quint vermindert.
Doch brauche du ihn unbehindert
Als reinen Mollaccord. Mir schien,
Als intonirten Sänger ihn
Dem Klang' gleich, der als D-F-A
Uns tritt auf sechster Stufe nah
Im Fdur. So wird nicht zu häufig
In Cdur er verwandt, (beiläufig
Sei dies erwähnt), ist ungefährlich.
Im Ganzen, Schüler, brauch' ihn spärlich.

Fdur-Tonart. Accord der sechsten Stufe von Fdur.

„Verminderter Dreiklang“ sei auch
Benamst H-D-F, wie der Brauch
Es taufen will. Nenn' gleichfalls so
Dies Dominanten-Embryo.

34. Dann sei dir Kunde noch gespendet
Von dem System, benamst „verwendet“.
Weil D-F-A und H-D-F
Ich in dem Tonartbilde treff'
Niemals zusammen an, — getrennt
Seh' deren Tön', — an diesem End'
Und jenem, nennt man das „verwend't“.
    Zwar klingt das Wort nicht angenehm.
    Doch dem Professor war's bequem,
    Und schliesslich, was liegt auch an dem?

Verwendetes System.

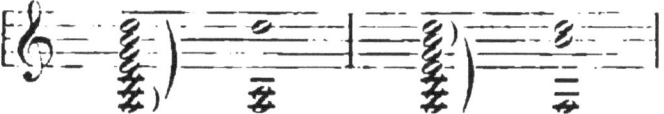

Siebentes Capitel.

So du auf fröhlicher Wanderschaft
An Wald und Flur dich satt gegafft,
Denkst du der Civilisation!
Es grüssen dich von ferne schon
Die Spitzen einer stolzen Stadt,
Die manches angenehme hat.
    Kommst näher du, der Spitzen satt,
Dein Blick wird wohlgefällig ruh'n
Auf kleinen hübschen Häusern nun.
    Wie Tonica und Dominanten
    Als Spitzen wir zuerst erkannten,
    So andre Kläng' auch zu beachten,
    Lass, lieber Leser jetzt uns trachten.

2*

35. Schon sah'n die Tonica verbunden
Den Dominanten wir, gefunden
Sei nun, wie andre Harmonien
Ihr folgen. — Leser, ohne Müh'n
Verbindest du die dritte Stufe
Mit C-E-G. Zu dem Behufe
Braucht nur ein Ton sich zu bewegen.
E, G sich nicht vom Platze regen.
 Der sechsten Stufe Dreiklang so auch
 Verändert G in A, denn wo auch
 Soll C und E sich hinbegeben?
 Sie bleiben eben ruhig kleben.

Verbindung der Dreiklänge dritter und sechster Stufe mit der Tonica.

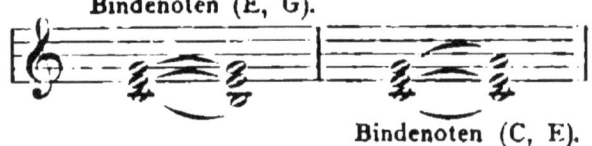

Bindenoten (E, G).

Bindenoten (C, E).

36. Doch, itzt! Verfängliche Geschichte!
Wird deine Weisheit wohl zu Nichte
Auf D-F-A dein Auge richte.
 Kein Bindeton ist zu erspähen
 Willst von C-E-G aus du gehen.
Und schreibst du, was sich drüben spiegelt
Roh auf's Papier, ist schon besiegelt
Dein Schicksal! Trauer unerlaubt
Häufst du auf des Präceptor's Haupt.
 Damit Unwissenheit nicht quäle,
 Die unbewusst-schuldvolle Seele,
 Ich dir die Kunde nicht verhehle.
 Du schriebst 'ne Quintenparallele!

Quintenparallele.

Keine Bindenote vorhanden.

Und diese spricht der Tonkunst Hohn.
Geh' reuvoll in dich, o mein Sohn,
Denn roh gehäuftes Material
Berührt feinfühlige mit Qual.

37. Ha! Wie entrinn' ich dem Verderben?
Die Quintenparallel' muss sterben!
Doch da der Bindeton dir mangelt,
So sei nach solchem flugs geangelt.
In A-C-E Grundton und Terz
Der Tonica schaust du, mein Herz,
Indess das A der zweiten Stufe
Dreiklang gehört. Zu dem Behufe
Schieb' zwischen Tonica und ihn
A-C-E ein, dir wird erblüh'n
Der Vortheil, neuen Bund zu finden,
Frei von Quintparallelensünden.
Dem C-E-G folgt A-D-F.
Zwar letzter Klang ist nicht vortreff-
lich an und für sich zu bezeichnen.
Doch wird sich später was ereignen.

38. Das H-D-F der Tonica
Auch folgen will. Wenn dies geschah
Ohn' weitere Umständ', Parallelen
Von Quinten auch nicht werden fehlen.

Quintenparallelen (zulässig).

Doch sei dir keiner Schuld bewusst,
Lass H-F folgen du mit Lust
Auf C-G, da vermindertes
Quintlein (nie jemand hindert es)
Dem reinen immer folgt gefahrlos,

39. Nur wolle Leser du, fürwahr blos
Dich hüten vor dem Umgekehrten,
Denn das verbieten die Gelehrten.

Achtes Capitel.

Wenn Winterstürme dem Wonnemond
Gewichen, dann wird nicht geschont
Des Menschen Kehle, lustig klingen
Viel Lieder, die Männlein und Weiblein singen.
   Die Wissenschaft bemerkt sofort,
   Es seien verschiedene Stimmen am Ort,
   Wohl im Charakter unterschieden.
   Dess sei die Kunde nicht gemieden.
In Lüften schwingt sich froh Sopran,
Der Alt ist etwas schlimmer dran,
Sehr breit doch macht sich oft Tenor
Und auch beim Bass kommt so was vor.
   Nun aber hör'! Der Töne drei
   Siehst du im Dreiklang. Sag' mir frei:
   Wie willst vier Stimmen du versorgen? —
   Die Kunde sei dir nicht verborgen.

40. Im Anfang klangen voller Schöne
Zum tiefen C die Obertöne.
Da sahst du dreimal C erscheinen,
Eh' Quint und Terz sich ihm vereinen.

erstes C zweites C   drittes C

Sind vier der Stimmen nun gekoppelt,
So wird es klar, dass man verdoppelt
Des Dreiklangs Grundton wohl vor allen.
Dann, Schüler wird's nicht schwer dir fallen,
Vierstimm'ge Harmonie'n zu schreiben.
Den Grundton lass' im Bass verbleiben
Und weiter oben setz' ihn wieder,
So werden vierstimmig die Lieder.

41. Verbinde nun die andern Stufen
Mit C-E-G, so wirst du rufen:
Umkehrungen sind all' geschwunden,
Nur Dreiklangsfolgen sind gefunden
Und auch der unvollständ'ge Klang
A-D-F macht uns nicht mehr bang,
Seit ihm im Bass das D gesellet. —

Vierstimmige Verbindung der Stufendreiklänge mit der Tonica:

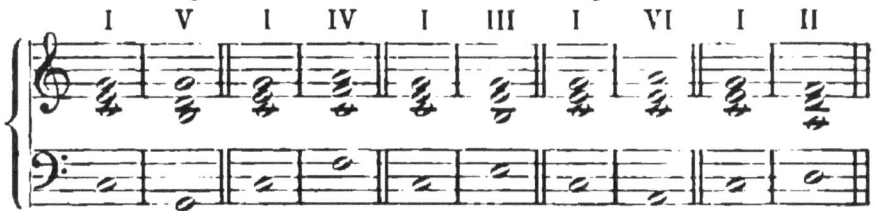

Gleich als Gesetz sei hingestellet,
Bewegt der Bass sich stufenweis,
· Begib' dich, Leser, nicht auf's Eis,
Gefahr von Quintenparallelen
Wird dir in solchem Fall nicht fehlen.

42. Verfüge drum ohne weit're Erregung
Die höchst nothwendige Gegenbewegung.
Siehst aufwärts steigen du den Bass,
Sopran, Tenor, Alt, Leser, lass
Zusammen gleich sich niedersenken.
Doch will der Bass sich abwärts schwenken,
Dann lenke aufwärts jene drei
So bist du von Verderben frei.

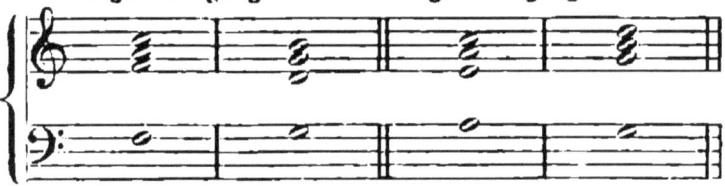

Gegenbewegung abwärts. Gegenbewegung aufwärts.

Doch, wehe! andere Gefahren
Muss jetzt mein scharfer Blick gewahren.
Das H-D-F, es macht mir Pein.
Wird's vierstimmig zu setzen sein?
Zwar Quinten haben nicht genirt,
Wird aber H hier duplicirt
Im Bass, sagt dir dein eignes Ohr,
Es geh' was schauderhaftes vor.
Denk': Oberdominanten Terz
Ist H und Leiteton aufwärts
Zum C, ein delicates Ding!
Auf's Neu' Verderben dich umfing,
Zwei C siehst du zum H hingleiten,
Zwei H zum C dann aufwärts schreiten,
Und beide mal beleidigst du .
Die Mus', den Lehrer noch dazu.

43. Octavenparallelen, ha!
Mein Künstleraug' entdecket da!
Auch sie zu meiden ist dir Pflicht.
Zwar klingen sie so scheusslich nicht,
Wie falsche Quinten. — Am Clavier

sehr schlecht und unmöglich

Octavenparallelen (h-c)

Spielst Gänge du als Uebung schier!
Doch in dem rein vierstimm'gen Satze
Sind sie durchaus nicht an dem Platze.
　Ne' jede Stimm' soll eignes singen,
　Erst dann wird's recht vierstimmig klingen.
　Wenn zwei dasselbe doch vollbringen
　Hast dreistimmig geschrieben, o
　Mein Sohn du, nie dess wirst du froh!
　Drum lasse ab von solchen Dingen.

　44. Und den verminderten Dreiklang
Vermeid' als Grundaccord zu schreiben!
Ein doppelt H wohl macht dir bang.
Kaum wird uns sonst was übrig bleiben,
Als umzukehren ihn, dass D
Der Bass, dann wird uns nimmer weh.
So dient als biedrer Sextaccord
Er unsern Zwecken fort und fort.

Schreibarten des vierstimmig gesetzten verminderten Dreiklangs.

am häufigsten gebraucht　　nach Befinden zulässig

Nun merke noch: von Parallelen
Wird man dir Anfangs nur erzählen.
Dann später spricht, um dich zu strafen
Von Quinten einfach und Octaven
Der Lehrer, meint damit, mein Kind
Doch Dinge, die verboten sind.

Neuntes Capitel.

　Wenn der Moral Gefühl geweckt ist
Und des Verderbens Grund entdeckt ist
Wird das Gewissen difficiler.

So kommt's wohl auch, mein lieber Schüler,
Dass anstössig uns dünken Schritte,
Die wie du glaubst, nicht gegen Sitte
Verstossen und Gesetz. — Belehrt
Sei, dass Octaven auch verwehrt,
Die man als solche gar nicht hört.

45. Denn, geht Sopran von C nach D,
Der Bass von A nach D zur Höh',
So sieht dein Aug' von Parallelen
Wohl nichts. Dein Ohr doch nicht verhehlen
Wird sich, dass wohlthu'nden Effect
In diesem Schritt es nicht entdeckt.

46. Die Lücke wolle aus nun füllen
Von A nach D mit h und c.
Da siehst du wie sich dir enthüllen,
Octaven, welche ganz im Stillen
Sich fanden, dieses schafft dir Weh!

Octaven (c-d).

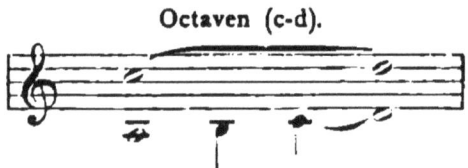

Verzweifelnd denkst du, dass unsäglich
Du eingeschränkt und dass kaum möglich,
Je reinen Satz zu schreiben. — Drum
Als Trost vernimm', o Publicum.
Gar mancher Schritt ist ausgenommen,
Der uns das Ohr nicht macht beklommen.

47. Doch wird es dir zu Gute kommen,
Wenn du vermeidest allweg', dass
Der kleine Schritt' verbleib' dem Bass,
Indem dies gegen die Natur,
Und auch der Bass am liebsten nur
In grössern Gängen sich beweget. —

48. Dann sei dir noch an's Herz geleget,
Dass wenn vom Leiteton aufwärts
Die höh're Stimm' du führst, mein Herz,
Verdeckt' Octaven unbedenklich
Du schreiben magst, dass nur verfänglich
Uns dünken will, wenn statt Cis-D
C-D du führest in die Höh',
(Falls ich A-D im Bass erseh'.)

49. Zwar sprach ich noch nicht von Cadenzen,
Doch um nicht später zu ergänzen,
Was hier zu sagen, lass mich künden
Dir, dass, wenn sich in Schlüssen finden
Octaven dieser Art, dem Ohr
Dies meistens kommt ganz passend vor.

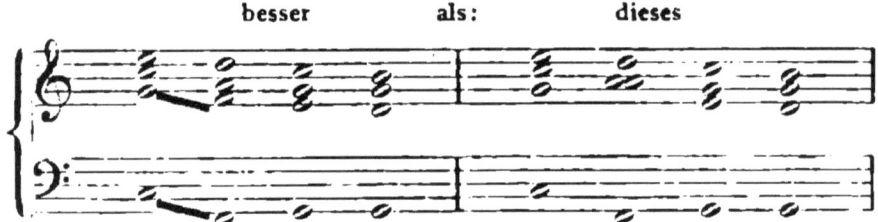

besser   als: dieses

50. Ja Fälle gibt es, wo entscheiden
Es für sie würde, wollt'st du meiden
Sie anzuwenden, da dann leicht
Erzwungnes sich dem Blicke zeigt.
So von verdeckten Quinten auch
Zu sprechen war ein alter Brauch,
Indess die einfachste Musik
Vor ihnen schaudert nie zurück.

51. Hörst du zwei Jagdhörner erschallen,
Wird dir der Schritt ganz wohl gefallen,
Von C-D oben, das ertönet
Zum E-G unten. Dran gewöhnet
Warst du, mein Sohn von Jugend an.
Drum ich zum Trost dir sagen kann,
Wenn sich naturgemäss verbinden
Accorde, und du solltest finden
Verdeckte Quinten, frag' dein Ohr.
Kommt dir der Schritt natürlich vor,
So lass dich keine Zweifel plagen.
Doch wird man Fehlern gern nachjagen
    Wenn dem Bizarren zugeneigt,
    Sich Künstlers Blick die Muse zeigt.

Verdeckten Quinten (gut)

52. An zwei Exempeln woll' ersehn,
Dass, ob dasselbe fast geschehn,
Mit Missmuth hier vernimmt dein Ohr,
Was dort ihm kommt ganz richtig vor.
Drum wär' ein arg' pedant'scher Thor,
Wenn überall ihn die verdeckten
Octaven oder Quinten schreckten,
Als ob sie weiter nichts bezweckten.

Verdeckte Quinten.

nicht schön   gut

Zehntes Capitel.

Auf diesen Blättern ward verkündet,
Nur was Naturgesetz. Es findet
Der pract'sche Lehrer, wie's der Brauch,
Veranlassung zur Arbeit auch.
Exempel viele sein geschrieben,
Das neu gelernte einzuüben!
Doch geht uns dies vorerst nichts an.
Zur Zeit kommt die Molltonart dran.
    Du fragst, wie's mit der Molltonleiter
    Steht? lieber Freund, gar manch gescheidter
    Mann schon an dies und jenes dachte
    Und Rechtes nicht zu Stande brachte.

53. Bedenke, dass uns einst Natur —
Und sie nur — brachte auf die Spur
Der Tonscala von H bis A.
Der trägste Geist wohl schnell ersah,
Von H bis As werd' sich erbauen
Die Molltonleiter. Nun erschauen
Wir erst den Sprung, den Weisr'e schon
Bemerkt bei A-H. Welcher Lohn

Winkt ihnen, da sie dies erkannt!
Wenn eine Lücke auf sich spannt
Von A nach H, so sehr viel mehr
Von As nach H. Nun nicht begehr'
Ich weit're Theoriegewähr
. Dass in H-As sich, wie's gebührlich
Mollscala abschliess' ganz natürlich.

natürliche Molltonleiter   Sprung   natürl. Molltonl.(höhre Octave)

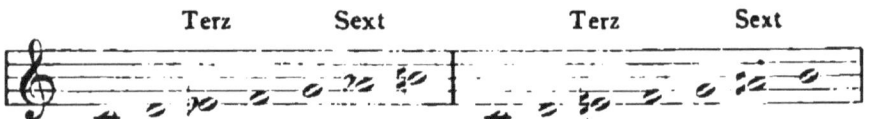

künstliche harmonische Molltonleiter

54. Es will statt E als Terz uns grüssen,
Das weisst du: daraus mag erspriessen
Die Kenntniss, dass durch Terz und Sext
Sich scheiden Moll und Dur zunächst.

Terz   Sext   Terz   Sext

55. Uns vom gewohnten nicht zu trennen
Woll' weiter, Freund, mir nun vergönnen,
Statt Cmoll — Amoll zur Betrachtung
Auszuersehn. Es heischt Beachtung,
Dass diese Paralleltonart
Genüber gern gestellet ward
Von je dem Cdurton als Moll!
Bei uns dies auch statt haben soll.
Auch wird ein weiterer Grund dir klar,
Nimmst das H-D-F einst du wahr.
(Auf zweiter Stuf' stellt hier sich's dar.)

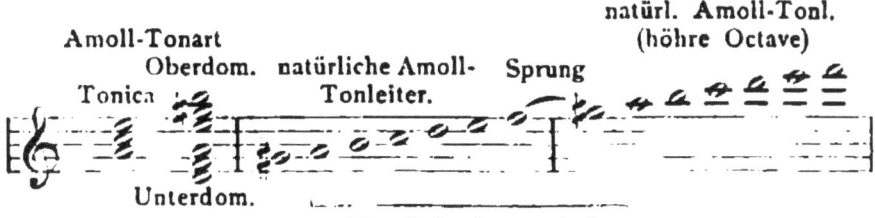

56. Herrscht Reichthum in dem üpp'gen Dur,
So siehst im Moll du keine Spur.
Wenn sechs Accord' mit reiner Quint
Ich in der Durtonart wohl find',
So zeigt das Moll nur deren vier.
Drum lieber Schüler merke dir:
Vom Dur gar sehr abhängig ist
Das Moll zu all und jeder Frist.

57. Auf sieb'ter Stufe den Accord
Erkennst im Moll du wohl sofort.
Gis-H-D — H-D-F entspricht,
Doch so geht's mit den andern nicht.

Accord 7. Stufe in Moll entspricht dem Accord 7. Stufe in Dur.

58. Schon auf der zweiten Stuf' im Moll
Find'st du H-D-F, ist's nicht toll?
Zwei Dreikläng', die vermindert sind!
Allein es kommt noch mehr, mein Kind.

Accord 2. Stufe in Moll (verminderter Dreiklang)

59. C-E-Gis! Was muss ich erschauen,
Bei diesem Anblick will mir grauen.
Nie ein Geschöpf wohl diesem gleich
Bisher ich sah im Töne-Reich.
Es ist der übermäss'ge Dreiklang,
Und wird erklärt dir als ein Zweiklang
In dem sich streiten Dur und Moll
Wer von den beiden siegen soll.
Aufwärts von E find'st du Gis-H,
Dann ist Moll-Dominante da.
Abwärts von E woll' C-A schauen,
Draus Tonica sich will erbauen.
So ist das C-E-Gis am End'
Als Kampf zu fassen. Ein Fragment
Von Dominant, — von Tonica
Auch eines, — widerstreiten da.
Gleichzeitig auf- und abwärts streben
Kann Wohlgefühl dir nimmer geben.
Es wirkt der übermäss'ge drum
Als Dissonanz, o Publicum!

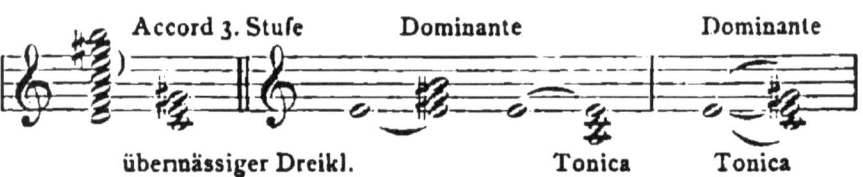

Accord 3. Stufe   Dominante   Dominante

übermässiger Dreikl.   Tonica   Tonica

60. Verdoppelst du im Bass das E,
Siegt Dominante, C weicht H.
Allein es siegt die Tonica,
Setzest als Bassnote du C;
Denn solche treibt das Gis nach A.

Im Ganzen, Schüler, doch versteh'
Die Warnung wohl, und meid' vorläufig
Den übermäss'gen Dreiklang, häufig
Zwar wird zur Stund' er angewandt,
Doch dazu braucht man mehr Verstand!
Als mangelhafte Dominante
Dein scharfer Blick in Dur erkannte
Das H-D-F. Was andres wird,
(Der Mensch, so lang er strebt, zwar irrt)
Gis-H-D kaum im Moll wohl sein.
Vertrau' hier nur dem Worte mein.
   61. Ganz anders steht's mit H-D-F
   Das ich auf zweiter Stufe treff'
   Im Moll. Denn als Cadenzaccord*)
   Bewährt sich dieser Klang sofort.

Verminderter Dreiklang
zweiter Stufe als Cadenzaccord.

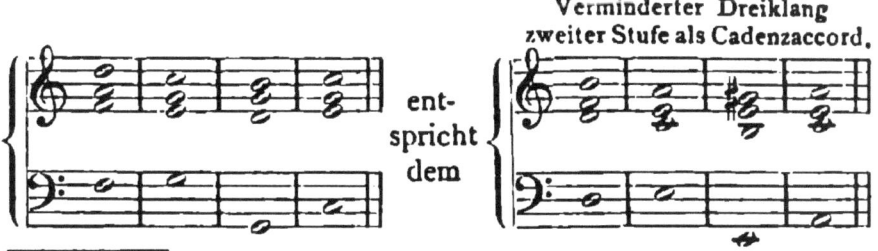

ent-
spricht
dem

---

*) Cadenzaccorde siehe: Capitel XI.

Der Sextaccord der zweiten Stufe,
Den ich dir in's Gedächtniss rufe
F-A-D in Cdur, allhier
Als D-F-H vorstellt sich dir.
  Als Remplaçant der Unterdo-
  minant, mein Sohn, begrüss ihn froh.
  Und merke gleich, da viel verwandt wird,
  Was als Cadenzaccord erkannt wird,
  Dass D-F-H in Amoll häufig,
  In Cdur find' sich nur beiläufig.

  62. Wenn alles du recapitulirst,
Des Wissens du theilhaftig wirst
Dass Tonica, Subdominant,*)
Sind Mollaccord', doch wie bekannt
Die obre Dominant ein Dur-
Klang, wie dies einzig möglich nur.
Auf sechster Stufe dito finde
'Nen solchen, F-A-C. — Nie schwinde
Der zwei verminderten Erscheinung
Aus dem Gedächtniss. — Meine Meinung
Vom Übermäss'gen ward dir kund.
Für dich ist er noch nichts zur Stund'.

Dreiklänge der Molltonleiter.

Tonica Moll.	vermind.	übermässig.	Unterdom. Moll.	Oberdom. Dur.	Dur.	vermind.
I. Stufe.	II.	III.	IV.	V.	VI.	VII.

Elftes Capitel.

Gesellschaft meide nicht, mein Kind.
Du weisst dass Menschen nützlich sind.

---

*) Sub — Unter.

Doch halten wir uns ihnen fern,
So schaden sie uns gleichfalls gern.
Wärst rein du wie die Engelein,
Sie mäkeln am Charakter dein
Und werfen auf dich falschen Schein.
  So sucht der Dreiklang auch mit Lust
  Zu ruhn' an fremder Dreiklangsbrust.
Nicht meidet er je, im Verein
(Obwohl sich seines Werths bewusst)
Des Sein's mit andern sich zu freun!
  Was sich am häufigsten verbinden
  Im Tonreich wird, half dir wohl finden
  Dein eignes Ohr. So wie zum Schluss
  Der Autor drängt, soll der Genuss
  Mir werden der hauptsächlichsten
  Accorde, nicht der schwächlichsten.
Doch ha! Im Busen möcht' bewahren
Ich, statt zu künden was seit Jahren
Mich schwer bedrängt. Denn ob ich suchte
Geduld zu lernen, der verruchte
Zorn riss mich immer hin, zu klagen
Dass schlimmer, als Egyptens Plagen
Mir die Hartnäckigkeit erschien
Mit der Cadenz die Schüler fliehn.
  Niemals erhoff' Absolution,
  Merkst du nicht gut, mein lieber Sohn,
  Was von Cadenz ich lehre itzt.
  Dass an den beiden Kanten sitzt
  Der Tonart eine Dominant,
  Dies Wissen ward dir längst bekannt.
  (Nur sei bemerkt hier noch beiläufig,
  Dass Oberdominante häufig
  Schlechtweg mit Dominant benennen
  Der Brauch will. Und ihn musst du kennen.)
Um zu bestimmen nun die Tonart.
Schau wo der Tonica ein Thron ward,
Dies wird dir klar, weisst du den Stand
Von Ober- und Sub-Dominant.

3*

63. Folgt auf F-A-C G-H-D
So schwindet jedes Zweifels Weh.
C-E-G braucht nicht zu erklingen,
Zur Ueberzeugung uns zu bringen,
Dass dies allein die Tonica.
So mächtig wirkt Cadenz. Ja, ja!
Da ohne Band die Dominanten
Einander gegenüber standen
So ist Gefahr natürlich mächtig!
Conträrbewegung wird doch prächtig
Zur Hilf' sich bieten, sie zu meiden.

Die Folge beider Dreiklänge ergibt die Mitte.

64. Drum muss die Stellung von den beiden
Sich wie du hier erschaust gestalten.
Folgt Tonica, dann siehst du walten
Die vollkommne Cadenz, mein Freund.

Vollkommene Cadenz.

— Dem Lehrer räthlich es erscheint,
Wenn übend du in allen zwölfen
Der Durtonarten die Cadenzen
(Hier, Schüler, wolle nicht faullenzen),
Am Piano lernest fort dir helfen.
Zwar scheint es leicht, doch ist's wohl schwer,
Denn nie liebt dies der Schüler sehr.

65. Bist du mit solcher Uebung fertig,
Dann Lieber, sei sogleich gewärtig,
Im Moll dasselbe zu probiren.
Woll' nicht gleich die Geduld verlieren.
Du wirst den Vortheil später spüren.
    Auf D-F-A folg' E-Gis-H,
    Dann ist das A-C-E ganz nah,
    Die biedre Amoll-Tonica.

Vollkommne A-moll-Cadenz.

66. Da wir nun einmal schon dabei,
An's Herz dir noch geleget sei
Die rechte Hand in allen Lagen,
Die möglich sind herum zu jagen,
Damit die Hand sich nicht gewöhne
An stehn'de Melodientöne.

Die drei Hauptlagen der Oberstimmen.

— Ob Pedantrie mich nicht verhöhne.
Dies alles dienet höhern Zwecken,
Einst wirst den Nutzen du entdecken.
Von der Cadenz nur eine Art

Ward dir bis jetzt erst offenbart.
Doch um die andern zu begreifen
Muss ich ein wenig abseits schweifen.

Zwölftes Capitel.

Du kennst die Umkehrungen, Sohn,
Doch waren damals wir nicht schon
Gekommen zum vierstimm'gen Satze.
— Drum ist die Frage wohl am Platze,
Wie sich Verdopplungen gestalten,
Wenn Sext- und Quartsextaccord walten.
　Woll' unterscheid'n in jedem Falle
　Die invariablen Intervalle
　Von Noten, die zufällig Bass.
Wirrniss entsteht sonst ohne das.

67. Grundton, Terz, Quint, sind invariabel.
Im Sextaccord ist Terz der Bass.
Quint im Quartsextaccord. — O lass
Gesagt dir's sein. Denn wie zu Babel
Der Völker Zungen sich vermischten,
Und Unsinn redend sich bezichten,
So wird, nennst Bassnote du Grundton,
Confus die Anschauung zur Stund' schon.

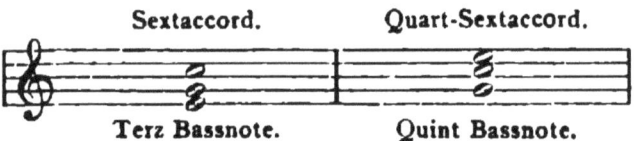

68. Als wir der Obertön' gedachten
Bat ich, o Leser zu beachten,
Dass eine Terz auf fünf, ja mehr
Der Noten g'nügte. Drum scheint sehr

Gerathen mir, sie ohne Noth
Nicht zu verdoppeln.   Doch gebot
Dies, Lieber, dir ein anderer Umstand,
Weisst du, wie's eigentlich doch drum stand.

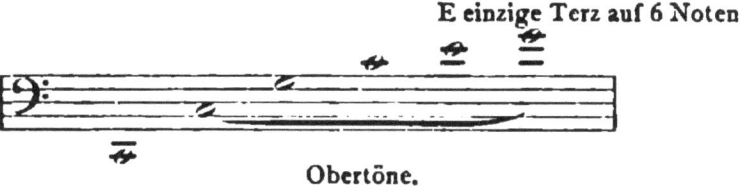

E einzige Terz auf 6 Noten.

Obertöne.

69. Ist ein Durklang der Sextaccord,
So lass die Terzverdopplung fort.
Sie klingt nur hart und unbequem.
Doch Grundton, Quint sind uns genehm.
Nach unten schauend siehst du gleich,
Was Brauch ist in der Töne Reich.

70. War Sextaccord indess ein Mollklang,
Die Terzverdopplung nicht zu voll klang
Auch sind die Bässe C, G, F,
Die ich in diesen Fällen treff'
Zugleich auch Cadenzaccordträger.
Drum findest du hier nicht Ankläger,
Falls du verdoppelst ungenirt
Den Bass. —

Grundton:
der Tonica, der Ober- der Unter-
Dominante, Dominante,

71. — Und noch viel wen'ger wird
Dies drohen, musst du D-F-H
Vierstimmig setzen. Vielmehr da
Wird die Verdopplung sich empfehlen.
Mit Gründen will ich dich nicht quälen
Da solche hier nicht sehr am Platz.
Doch gibt es deren wohl, mein Schatz.

Nun aber spitze deine Ohren,
Auf dass dein Geist sei neu geboren.
  Was vom Quartsextklang wesentlich
  Zu wissen nöthig ist für dich —
  (Weh dir, wenn die Erinnrung wich)
  Will Schüler dir nun künden ich.

72. Verdoppelst du den Bass allhier
Das G, dann merke ernstlich dir
Dass neugeartet uns alsbald
Erscheinet des Accords Gestalt.

Bassverdopplung des Quartsextaccordes

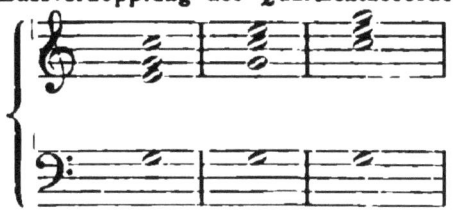

Zwar giebt er sich als Consonanz,
Doch ist es bei dem nicht so ganz.
Denn eine Spannung wird sich zeigen
Die seinem Wesen einst nicht eigen.

 Dass G zu C der Gegensatz
 Lehrt ich dich schon an früher'm Platz,
 Bedenk' nun dass, wenn es verstärket,
 Der aufmerksame Hörer merket
 Sofort, wie hier Grundton und Terz
 Die Doppel-Quint bedrängt. — O Schmerz!
 Der gegenüber unterliegen
 Die beiden und die Quint will siegen.

Sieh selbstbewusst sofort verlangen
Die Freche, dass als Grundton prangen
Sie mög' von einem neuen Dreiklang.

 73. Willfahre ihr. Da sie uns neu klang,
Sei C-E durch H-D ersetzet,
Das Doppel G ist bass ergötzet,
(Wird durch B-D selbst nicht verletzet,)
Und aller Streit floh aus der Welt.
Die Lösung Jedem wohl gefällt.

Auflösungen des Quartsextaccordes   **auch denkbar**

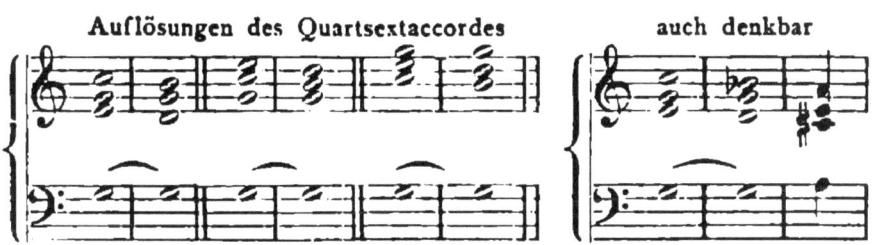

74. Verdopple drum nun stets den Bass
Bei dem Quartsextaccord, ohn' das
Fehlt ihm der richt'ge Vollcharacter
Und leichtlich klingt uns abgeschmackt er.

matt und uncharacteristisch

Dreizehntes Capitel.

Da dich bereichert dieses Wissen,
Zurückzukehren sei beflissen
Ich zur Cadenz. 'Ne neue Art
Derselben werd' dir offenbart.
    Weisst du was Stellvertreter sind?
    Dass sie höchst nöthig, merk', mein Kind.
    Denn, wenn den Reichstagspräsidenten
    Krankheit befiel', nicht tagen könnten
    Die Deputirten. — Welcher Graus,
    Blieb' unthätig das fleiss'ge Haus!
Der Stellvertreter Hülfe schafft,
Fehlt ihm die Ruhe nicht und Kraft.
So waltet Ordnung, wie vorher,
Zwar manchmal glückt es nicht so sehr.
Doch kommt es eben drauf an, wer
Regiert, dem Starken wird nichts schwer.

    75. Den Sextaccord der zweiten Stufe
    Ich jetzt dir in's Gedächtniss rufe.
    Merk', was ich sag' nun: Stellst du ihn
    Statt der Subdominante hin,

Ergibt sich's wohl mit Evidenz,
Dass etwas mangelt der Cadenz.

Sextaccord der zweiten Stufe statt der Unterdominante.
D-H.

Die Melodie will nicht schön fliessen,
Der Sprung D-H will uns verdriessen,
Und Zwischenglieder möcht'st du hören.
Lass dir nicht dies Verlangen stören!
  Dass in der Mitt' lieg' Tonica
  Der Dominanten, weisst du ja.
  Woll' Tonica getrost einschieben,
  So wird dein Kummer wohl zerstieben.

76. Doch ein erbärmlicher Effect
Wird schonungslos von uns entdeckt,
Wenn Tonica als Grundaccord
Sich stellte ein an diesem Ort.

Tonica als Grundaccord zwischen die Dominanten eingeschoben.
  schlecht   schlecht

Kein Zwang drängt vorwärts uns zu gehen,
Die Tonica bleibt ruhig stehen,
Nichts treibt zu der gewünschten Eile

Und obsiegt schlimmste Langeweile.
Der Grundaccord ist also hier
Am Platze nie, dies merke dir.

77. Lass uns versuchen Umkehrungen!
Schon wär's dem Sextaccord gelungen
Vorwärts zu treiben. Doch bemerke,
Dass im Quartsextaccord die Stärke
Der Quint ihn ruf' zu diesem Werke.

Da Doppel G nach Gdur trachtet
Wie dies unlängst du schon beachtet
Und Gdur hier erwartet wird,
So setze du nur unbeirrt
Der Tonica Quartsextaccord
Hierher. Er macht famos sich dort.

78. Ganz ebenso magst du ihn schreiben
Nach D-F-A. Dann wird er treiben
Das Melodie-D sanft ins H.
Verschwunden ist die Lücke da.

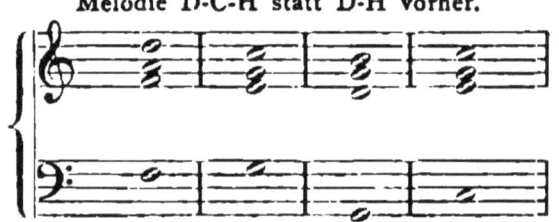

Vollkommen ward nun ganz Cadenz
Und mehrgestaltig. Ueb' sie, wenn's
Dich langweilt auch. Du wirst begreifen,
Weshalb, wenn alle Saaten reifen.
   Desgleichen thu' auch in Amoll!

   79. Nach unten schau'! Dann wirst du voll
Erkenntniss, wie sich dort gestalten
Cadenzen. Eigentlich beim Alten
Bleibt alles. Der verminderte
Dreiklang uns nirgends hinderte.

Sextaccord zweiter Stufe mit dem Quartsextaccord der Tonica in der
Amoll-Cadenz.

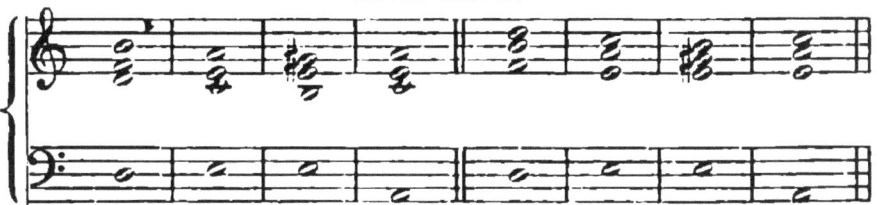

Vierzehntes Capitel.

   Man klagt viel über Lug und Trug,
Dess hat die Welt wohl voll genug!
Gar leicht schrieb man davon ein Buch,
Wie oft ein Jud', auch böser Christ
Zu schädigen mit Tück' und List
Die Mitmenschen, beflissen ist.
Doch glaubst du dass die Tonkunst rein,
Hievon, gleich lieben Engelein,
So magst du unterwiesen sein:
Auch hier herrscht Trug in Pracht und Glanz
Erfüllet dies Capitel ganz,
Heischt von dir strenge Observanz.

80. Wenn nach der fünften Stuf' erklinget
Die sechste, dich kein Machtspruch zwinget
Nach C aufwärts das H zu führen,
Abwärts geh's wie sich's will gebühren!

81. Doch anders steht die Sach' in Moll.
Wie sich das Gis benehmen soll
Beim Abwärtsschreiten, scheint gefahrvoll!
Nach F zu springen, wär doch gar toll.

82. Den Trugschluss heischet hier Natur
Da Gis nach A kann schreiten nur.
Indess abwärts die Mitteltöne
Bewegen sich, erklingt der schöne
Fdur-Klang mit der Doppelterz!
Der Leitton schritt hinauf, mein Herz.

Trugschluss (gut)

A Doppel-Terz

V   VI

Amoll hörst in den Oberstimmen
Du deutlich.   Doch den Bass erklimmen,
Sieh F statt A. — Du bist betrogen!
Das Schein-Amoll hat dich belogen
Es will mit F der Bass uns äffen.
Hauptcadenz kam in's Hintertreffen,
Und Trugschluss prunkend triumphirt.
Doch sei durch dieses nicht beirrt.
    Was die Natur selbst uns gegeben,
    Hat sicherlich ein Recht zu leben!

83. So wirst du gern auch im Cdur
H aufwärts lenken.   Merke nur,
Kein Zwang liegt vor, wie in Amoll.
Doch scheint dir's rathsam, Niemand soll
Verkümmern, Lieber, dir die Freude!

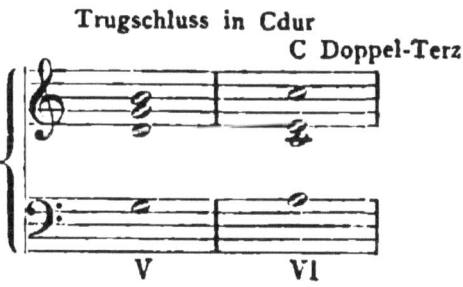

Trugschluss in Cdur

C Doppel-Terz

V   VI

Im Amollklang lass tönen beide
C, wie vorher als Doppelterzen!

Auch soll Verdopplung dich nicht schmerzen,
Da Doppel-C hier zu uns spricht
Als Grundton, — als Terz niemals nicht.
　Auch halt' den Trugschluss nicht für schädlich,
Oft scheint er Componisten räthlich,
Weil selten Hauptcadenz inmitten
Des Musikstücks ist wohlgelitten,
Uns glauben machend, dass zum Schluss
Wir schon gelangt. — Dem Trugschluss muss,
Da er uns plötzlich stutzen macht,
Stets weichen derart'ger Verdacht.

84. Belehrt sei ferner, lenkst du G
Nach F statt E, — ich vor mir seh'
Den Fdur-Sextaccord alsdann.
Als Trugcadenz schau auch dies an.

85. Und wisse, wie die Dominant
Gdur (dies ist dir längst bekannt)
Auch dem Cmoll wohl dienen mag,
So kommt es klar und licht zu Tag,
Dass ihr die sechste Stufe dann
Von Moll (Asdur) gleich folgen kann.

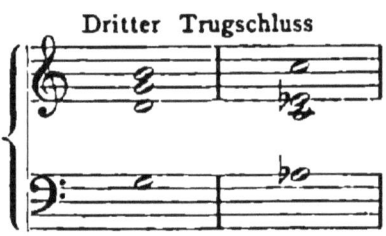

Präg' diesen Schritt, mein Sohn, dir wohl ein
Für dich wird's oftmals ein Idol sein.

86. Führ' G nach F nun wie vordem
Und du erlangst Fmoll bequem,
Sodass der Trugcadenzen vier
Du siehst erstehn auf dem Papier!

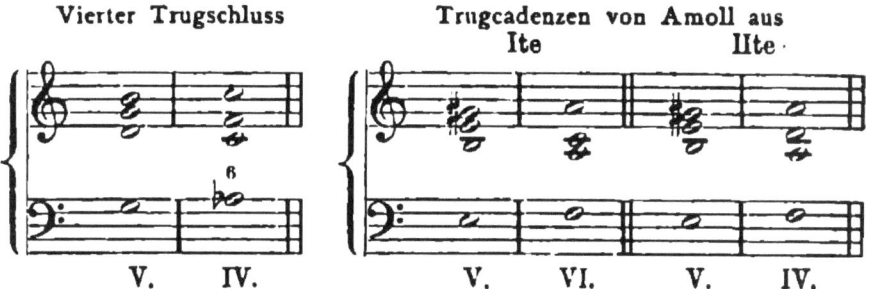

Vierter Trugschluss   Trugcadenzen von Amoll aus
                                    Ite   IIte

V.   IV.   V.   VI.   V.   IV.

Nun übe diese Folgen fleissig
Auf dem Clavier. Denn bald beweis' ich,
Dass von unendlichem Profit ist,
Wenn du vertraut mit dem Trugschritt bist!

87. Lass deinen Geist aus der Erfahrung
Des Lehrers spriessen diese Nahrung:
Es schliesst der Trugcadenz die echte
Sich gerne an. Von Amoll möchte
Dich leicht dein Schritt zurücke lenken
Zum Cdur. — In's Amoll einschwenken
Steht auch dir frei. Willst nach Fdur
Du gehn, nicht widerstrebt Natur.
Ward Asdur nach Gdur vernommen
Magst leichtlich du nach Fmoll kommen,
Nach Asdur, selbst nach Esdur leiten,
Den Schritt. Den Blick lass abwärts gleiten
Dann findest du, wie ganz natürlich
Sich alles anschliesst. Ungebührlich

4

Erscheint uns nichts; nur wird es zierlich
Sich machen, wenn dem Trugschluss du
Die sechste Stufe fügest zu,
(Fdur nach Amoll) da alsdann
Cadenz sich ungenirt schliesst an.

Anschlüsse an Trugcadenzen.

Cdur Cadenz

VI. Stufe
von Amoll   Amoll Cadenz

Fdur Cadenz

Fmoll Cadenz

Asdur Cadenz

VI. Stuſe
von As
II. Stuſe   Cadenz von Esdur
von Es

Auch grolle nicht, wenn wir zuletzt
Den Dreiklang an die Statt gesetzt
Des Sextaccords der zweiten Stufe.
Denn dies geschah zu dem Behufe,
Dem Bass Abwechslung zu verleihen,
Merk! das Gehör wird mehr erfreuen
Hier Dreiklang, denn der Sextaccord,
Setz' ihn getrost, trau meinem Wort!
Er ist sehr wohl an seinem Ort.
Hast du dir alles eingepräget,
Sei gleich die Lust auch angereget,
Am Instrument es zu erproben.
Du selbst wirst einst dich drum beloben.
Doch deinen Eifer derb zu stählen,
Will ich dir Schüler nicht verhehlen:
Von mir ward hier schon vorgegriffen
Mit Absicht. Dies ist von den Kniffen
Der Lehrkunst einer, der bezweckt,
Dass, ward einst Neues dir entdeckt,
Erinnerung dich sanft umfliesse
An schon Bekanntes. So geniesse
Der Kunde Freude, dass geglückt
Mein Sohn, dir (wie mich das entzückt!)
Zu fert'gen fünf Modulationen.
Kommst du an solche, wird sich lohnen
Der Eifer, den du itzt gezeigt.
Durch Zähigkeit noch stets erreicht

Ward alles ob's auch schwer dir vorkam,
Drum Lehrer's Winken folg' gehorsam.
Zum Schluss lass endlich dir noch künden,
Dass mehr der Trugschlüss' sind zu finden
Als die genannten. Der Gebrauch
Lehrt einst die andern kennen auch.

 Für heute lass genügen dir
 An der bekannten Zahl von vier,
 Da allzugross Accordgewirre
 Den Geist führt leichtlich in die Irre
 Und macht zu schlimmen Thaten kirre.

Fünfzehntes Capitel.

Nachdem wir mit Cadenzen lange
Uns abgegeben, sei dem Gange
Der andern Stufendreikläng' auch
'Mal nachgespürt.
 88. — Da will der Brauch
Dir gern verstatten, nach Cdur,
Der Tonica, Amoll zu setzen
Als sechste Stufe. Minder schätzen
Wir's, folgt allhier die dritte nur.

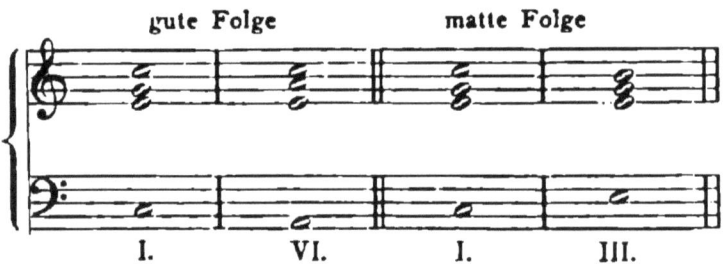

Zwar eng mit Tonica verbunden
Wird doch der Fortschritt matt gefunden
Von Cdur zu Emoll, — vielleicht
Weil gar zu sehr sich Beides gleicht.

89. Ein gröss'rer Rundblick wird erreicht,
So du das Dreiklangsmaterial
Willst inspiciren auf einmal.
Lass dann in Gliedern, gleich gestaltet,
Wobei Quartschritt im Basse waltet,
Vorüberziehen vor deinen Blicken
Die Klänge all'.

Lang will's uns glücken,
Im Gleichmaass ruhig fortzuschreiten,
Kein Klang wird Hinderniss bereiten,
Bis auf der siebten Stuf' — o weh!
Ich H-D-F erstehen seh',
Als Grundaccord mit Doppel-H.
Hiermit trat uns der Abgrund nah,
In dem wir nicht versinken wollen.
Im Uebrigen doch dankbar sollen
Wir freun uns, dass uns mocht' gelingen
Die andern all herbeizuzwingen
Der Cdurdreiklänge. — Denn stets
Nicht auf so glatte Weise geht's.

  Manchmal dünkt selbst der Grundaccord
  H-D-F uns nicht falsch am Ort,
  So durch den log'schen Gang der Schritte
  Er motivirt auftritt. — Wer litte
  Bisweilen spröden Gast nicht gern,
  Wenn frohe nur nicht blieben fern?
Doch kannst du es auch so einrichten,
Willst auf H-D-F nicht verzichten
Du, dass Sextklänge an die Stelle
Gesetzt sein von den andern. Helle
Wird's nun im Geist dir. Kinderleicht
Erscheint der Gang dir. Es entweicht
Jed' Hinderniss. Tonmaterial
Des Dur grüsst dich in voller Zahl.

  Dem thät'gen Geiste unerreichbar
  Scheint nichts, und diesem ist vergleichbar
  Actives Dur, ob dem ein Schimmer
  Von Trotz und Kraft geglänzet immer.

90. Nicht so zeigt sich passives Moll.
Wenn Unterbrechung hier nicht soll
Uns stet'ge Fortschreitung vernichten,
So lerne auf das Gis verzichten,
Das mitleidlos zurück in's A

Dich führt. Du weisst wie das geschah.
Doch auch die Rettung ist dir nah.

Merk', dass im Moll ein Klang erlaubt,
Auf fünfter Stufe, weich gestaltet.
Nur irrt .man, so fälschlich geglaubt
Wird, dass hier Dominante waltet.
Denn diese braucht als Leiteton
Das Gis, ist h a r t und bleibt's, mein Sohn!.

91. Führst abwärts du der Klänge Reigen,
So wird sich augenfällig zeigen,
Dass dieser neue Dreiklang nicht
Der Tonart Wesen widerspricht.

92. Doch willst du auf der dritten Stufe
Für Gis G setzen zum Behufe,
Dass möglich weit'res Abwärtsschreiten,
Wird dich dein Ohr zum Schlusse leiten,
Dass von Amoll als Tonart hier

Nicht viel zu spüren. — Doch sei dir
Zum Trost gekündet, lenkst in's Moll
Du gleich zurück, dass E-G soll
Uns kränken nicht, da nur gestreift
Cdur ward, einzig abgeschweift
Von Amoll, doch nicht aufgegeben
Die Haupttonart.

93. — Dies wirst erleben
Du, wenn statt Gis-H-D du G-
H-D willst schreiben. Dann, o weh! —
Entschwand zum Orcus das Amoll.
Cdur ist seines Sieges voll.
G-H-D, Oberdominant,
Für immer alle Zweifel bannt.

Als Fehler woll' betrachten drum
G-H-D nicht doch, Publicum,

Da dir erscheinen in der Menge
Es oft will der Amoll-Dreiklänge.
Nur wisse, dass Modulation
Nach Cdur stattfand, so du schon
Dies G-H-D vernimmst, das nie
Uns grüsst als Amoll-Harmonie.
Im Amoll diesen Klang drum flieh!
Als Hauptvorschrift im Geist behalten
Woll', dass mit gleicher Freiheit schalten,
Wie Dur, dem Moll nicht ward gegeben.
Will es für sich alleine leben,
So wird der Hemmnisse kein End' sein.
Drum soll's andauernd nicht getrennt sein
Vom Dur. An dieses angelehnt
Werd' ihm zu Theil, was wir ersehnt,
Sei ihm das Dasein hold verschönt.

Sechszehntes Capitel.

Wie in der Armuth kleinem Stübchen
Du Mädchen dicht gedrängt und Bübchen
Erschaust, indess Wohlhabenheit
Sich viel getrennter Räume freut,
  So die drei Oberstimmen enge
  Bisher beisammen lagen. Klänge
  Dies auch vortrefflich stets, natürlich
  Zu nennen es, wär' ungebührlich!
Denn vier der Stimmen sich verbanden
Zum Sange. Wenn nun drei sich fanden,
Aufwärts gedrängt, indess der Bass
Einsam sich abwürgt, merkst du, dass
Was faul muss sein in dem Verfahren.
Der Stimmen denkend, wirst gewahren
Du, dass Tenor und Alt nicht selten
In unerhöhter Höh' sich quälten.

Drum ihren Umfang lerne kennen,
Woll' Mittellagen ihnen gönnen,
Damit ob ungewohnter Höhe
Sich nicht erheb' gewohntes Wehe-
Geschrei aus den gereizten Kehlen,
An Warnung Sohn, soll dir's nicht fehlen.
Nun lass dir weiter noch erzählen.

94. Von C bis A reicht der Sopran
Von G bis D Alt singen kann
Nicht über G schreib den Tenor
Und sieh dich in der Tiefe vor:
Zwar bringt er ˙D, doch hört man kaum
Etwas. Dem Basse ward mehr Raum
Von E bis D darfst du ihn schreiben,
Ja manchmal etwas höher treiben.
Auf tiefes E zähl' nicht so fest,
Hier er uns oft im Stiche lässt.

Umfang der Stimmen.

95. Auch die vier Schlüssel sollen dir
Vertraut sein. — Siehst auf dem Papier
Du einzeln jede Stimm' gesetzet
Mit eignem Schlüssel, dann ergötzet
Sich nicht mehr am Accordegreifen
Die Hand, nicht enge Lagen häufen
Wirst du, wie sonst. — Auch ohne mich
Triffst du das Rechte sicherlich.

Dasselbe mit den vier Schlüsseln geschrieben:

oder
Sopranschlüssel
(C)

Altschlüssel
(C)

Tenorschlüssel
(C)

Bassschlüssel
(F)

ist gleich   oder

ist gleich

ist gleich

96. Du schreibst Accord' in weiten Lagen,
Darin die Stimmen sich behagen.

Beispiel in weiten Lagen.

97. Practisch will viel das Ding geübt sein,
Der Schlüssel Vierzahl wird beliebt sein.
Im Anfang kaum. Doch mit der Zeit
Entflieht auch hier die Schwierigkeit.

Dasselbe Beispiel in den vier Schlüsseln notirt.

Des ferneren sei'st du ermahnet,
(Vielleicht hast du's vorausgeahnet)
Die ganzen Noten zu vertauschen
Mit halben.

    98. — Dann der Lehre lauschen
Vom guten Tacttheil und vom schlechten,
Woll', lieber Schüler. — Sonst wohl möchten
Auf unbetonten Tacttheil keck
Sich Klänge pflanzen, die am Fleck
Hier gar nicht sind. Die Grunddreiklänge
Und auch der Sextaccorde Menge
Sind überall am Platz. Allein
Mit dem Quartsextaccord wird's sein
Ein ander Ding. Das Doppel-G
Verlangt 'ne Lösung, darum steh'
Als erstes, (denn die Lösung kann
Ich nur als zweites schauen an,)
Es auf dem ersten Tacttheil auch.

Stellung des Quartsextaccordes (auf dem guten Tacttheil).

Nun merke gleich, dass alter Brauch
Auf guten Tacttheil will verweisen
Gern das, was Lösung heischt. Drum preisen
Wir selig dich, wenn dem Gesetze
Dich fügend du an richt'ge Plätze
Stellst Vorhalte, Quartsextaccord,
Auch was scharf dissonirt. Denn dort
Allein ist dies gut aufgehoben.
Solch' Thun wird der Präcepter loben.

Von weitren Dingen lass mich schweigen!
Die eigne Uebung wird dir zeigen,
Was noch zu thun. Nicht ruh' die Feder.
Denn, wenn du alles auch begriffen,
So wird doch nicht so leicht ein Jeder
Vertraut schon mit der Praxis Kniffen.

    99. Lern' Quinten und Octaven meiden,
    Die Ziffern weise unterscheiden.
Der Sextaccorde Häufung möge
Dich nie verblüffen. Allerwege
Sei der Gesetze eingedenk,
Ob sie dich auch umschnüren eng.
Der Fesseln wirst von Jahr zu Jahr
Du immer weniger gewahr.

Gehäufte Sextaccorde.

    100. Das Kreuz das neben Ziffern blinket
B und Quadrat woll dich nicht schrecken.
Es liess' sich manches noch entdecken.
Wohl siehst du dass viel Mühsal winket!

Kreuz, B und Quadrat neben Ziffern.

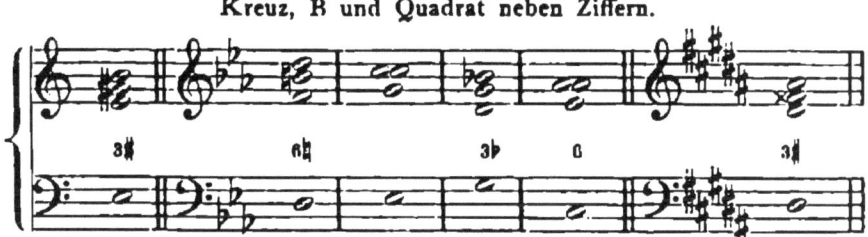

101. Cdur und Amoll nicht allein
Soll'n deine Arbeitsfelder sein.
In Des und H sei auch zu Haus,
Ein Asmoll scheine dir kein Graus,
Nein, aller Orten kenn' dich aus!.

Trugschluss und vollkommene Cadenz in Asmoll.

Zweites Buch.

Von Vierklängen du hier belehrt bist,
Dein Wissen wesentlich gemehrt ist,
Erfährst manch Ding, so unerhört ist.

Siebzehntes Capitel.

Als Kreuzzüg' einst man satt bekommen,
Des Reisens Lust ward nicht benommen.
Es wächst der Mensch mit seinen Zwecken.
Nun muss Amerika entdecken
Columbus und Vasco de Gama'n
Um's Cap der Hoffnung segeln sah man.
  So wollen wir den Rücken kehren
  Dreiklängen, neues anzuhören.
  Das frühere lerntest du bemeistern.
  Es soll der Vierklang uns begeistern.
Im Vierklang vorherrscht Dissonanz
Verwechs'l es nicht mit Discordanz,
Die als verwerflich, meide ganz.

   102. Wo einzig Consonanz zu schauen
Ist leicht errathen. — Auf sich bauen
Naturgemäss Grundton, Terz, Quint.
Nur diese consonirend sind.

Consonanzen.

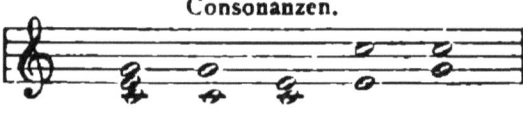

5

Dass Sext der Terz, der Quinte Quart
Entspricht, ward längst dir offenbart,
Sodass als Consonanzen auch
Zu fassen diese, liebt der Brauch.

103. Beim Sextaccord ward Satisfaction
Verkürzt durch der Umkehrung Action.

Sextaccord, als Consonanz nicht so befriedigend wie der Grunddreiklang.

104. Indess dir, Schüler, beim Quartsextklang
Ward um die Consonanz zunächst bang,
Da hier 'ne Lösung wird begehrt,
Ohn' welche Quartsextklang uns stört.

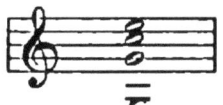

105. Dass H-D-F und C-E-Gis
Nicht consoniren, Lieber, dies
Lehrt dich dein Ohr. Die alterirten
Intervall' niemals consonirten.

H-F verminderte Quint.   C-Gis übermässige Quint.
(Alterirte Intervalle.)

106. Dissonanz doch kat'exochen,
Sollst du jetzt leiblich vor dir sehn.
F-A-D (ward dir einst vertrauet)
Wird als Verbindung angeschauet
Der Dominanten beid'. Aufwärts
D (Quinte.) — Unten Grundton, Terz
F, A. Du kennst als Remplaçant
Der Unterdominant den Klang.

107. Versuch' die letzt're ganz zu bringen,
Zu F-A-C wird D auch klingen,
Dann fandest du den ersten schon
Der Vierkläng' (Septaccorde), Sohn.
Als Umkehrung stellt er sich dar.
Der Sept wirst du noch nicht gewahr.

Bild d. Tonart. Quint d. O.-Dominante.

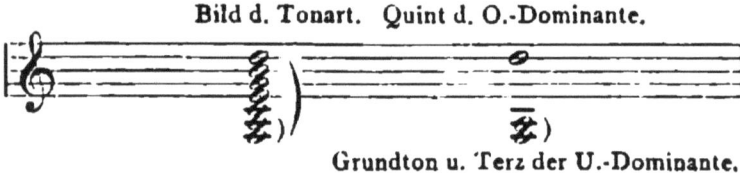

Grundton u. Terz der U.-Dominante.

Quinte der Oberdominante.

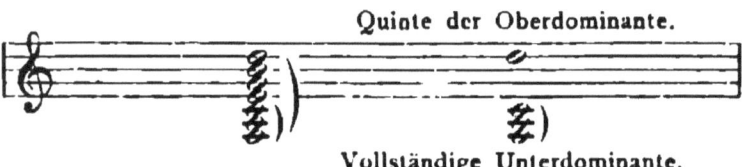

Vollständige Unterdominante.

108. Doch was melod'sches Intervall
Bisher, — klingt in harmon'schem Schall
Zusammen. — Was das inn're Wesen
Der Dissonanz, kannst du draus lesen.
Das Nacheinander der Secunden
Klingt mit einander und gefunden
Scheint, dass harmonisches Verwenden

5*

Melod'scher Intervalle spenden
Uns wird die Dissonanz. Durch Hauptmann
Ward dies zuerst kund. Gern ihm glaubt man.

C-D (Secunde) ist hier harmonisch (mit einander klingend) gebraucht.

109. Der untern Seite F, und oben
H-D, wenn diese sind verwoben,
Sahst du prädominiren einst
Die Oberdominante, meinst
H-D-F soll' sie remplaciren.

110. Das G doch mangelte. Geniren
Soll nichts uns, jetzt es einzuführen.
Sogleich wirst du die Wirkung spüren.

Bild d. Tonart. Terz u. Quinte d. Oberdominante.

Grundton d. Unterdominante.

Vollständige Oberdominante.

Grundton d. Unterdominante.

111. Denn F-G-H-D grüsst als zweiter
Der Vierkläng' uns. — Bemerk' nun weiter
Dass gleichfalls keine Sept zu sehn.
F-G will als Secund hier stehn.
Und noch 'ne Umkehrung wie vorher
Tönt mir durch diesen Klang in's Ohr her!

F-G (Secunde).

112. Beiläufig wiss', dass nicht zu meiden
Unmittelbare Folg' der beiden,

Unmittelbare Folge beider Accorde (gut).

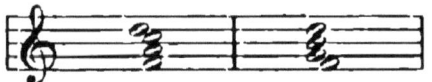

Doch dass, da G in der Cadenz
Du brauchst zum Bass, mit Evidenz
Nothwendigkeit sich will ergeben
Der Umstellung.

113. Was wir soeben
Gefunden, F-G-H-D sei
Verwandelt so, dass es wie neu
Uns grüsse als ein Septaccord!
    Als solchen kennst du ihn sofort,
    Schaust G als Bassnot' du, und drüber
    Bewundre H-D-F, mein Lieber,
Den wohlbekannten, verminderten Dreiklang
Der nun erst von allen Gebrechen frei klang,
Seit G ihn stützet. — Siehe vollendet
Seit jene vier Töne umgewendet,
    Der Oberdominante Bild.
    Nun ist manch Sehnen uns gestillt.

Umstellung v. F-G-H-D in G-H-D-F.　　　　　H-D-F durch G gestützt
　　　　　　　　　　　　　　　　　　und vervollkommnet.

114. Auch wird, dass umgekehrt Secund
Die Septime ergibt, dir kund,
Und dass, wie jene dissoniret,
Man solches auch bei dieser spüret.

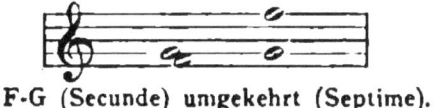

F-G (Secunde) umgekehrt (Septime).

Achtzehntes Capitel.

Nun handelt sich's um die Cadenz,
Die vollkomm'ner natürlich, wenn's
Gestattet Vierklänge zu setzen.
Das Ohr wird weidlich sich ergötzen.

115. Doch bleibt noch manches zu bedenken.
So woll' F-A-C-D nie lenken
Nach G-H-D-F lieber Sohn mein,
Da dies verfehmt ward als sehr unrein.

Septimeneintritt ist bedenklich,
Wenn Vorbereitung nicht vorhanden.
Auch Dominant-Sept wirkt verfänglich,
Wenn wir nicht erst den Grundton fanden,
Zu dem die Septime mit Lust
Hinzutritt, keiner Schuld bewusst.

116. So muss in F-A-C-D, C
Vorher sich finden schon, sonst Weh
Dir, denn von höchst unreinem Satz
Ein Klaglied singt man gleich, mein Schatz.
    Willst den Quartsextklang du entbehren
In der Cadenz, so lass dich lehren
Dass nur zum Dreiklang F-A-C-D
Geführt sei ohne Widerrede.
Doch schobst Quartsextaccord du ein
So wird's uns eine Freude sein,
Den neu gefund'nen Septaccord
In's rechte Licht zu setzen dort.

Bemerke wohl, der Grundton G
Vorhanden war, nun ohne Zö-
gern tritt an ihn das F heran,
Dess Einmarsch niemand tadeln kann.
    Der Dominant folgt Tonica.

    117. Allein, wer weiss, wie das geschah,
Da F zum E strebt, H nach C,
Umfängt dich ein unheimlich Weh.
Des letzten Dreiklangs Quinte schwindet!
Ob C-C-E-C Gnade findet?
Dies wüsstest du nun gern verkündet.

Quintloser Schlussdreiklang (gut).

Wohl ist's der Fluch der bösen That:
Aus Bösem Böses sich gebäret;
Jedoch vertrau' mir, lang nicht währet
Dein Wahn. — Für alles weiss ich Rath.
Quintlosen Dreiklang woll' nicht scheuen,
Getrost schreib' nieder ihn, bereuen
Wirst du es nie, steht er am Schluss.
Nur in der Mitte schafft's Verdruss.

118. Auch triffst du ihn auf deinen Wegen
Nur, wann sich selber zu bewegen
Der Dominant-Grundton begehret;
Bleibt liegen dieser, was verwehret
Ihm nie ist, steht er nicht im Bass,
Dann freu' dich bass, denn dann kann das,
Was dich bekümmert, nicht sich zeigen.
Quint bleibet dann dem Dreiklang eigen.

119. Die Moll-Cadenz woll' nun gestalten
In gleicher Weis'. Sieh unsre alten
Gesetze hier gleichartig walten.

Den Vierklang D-F-A-H führe
Nach E-Gis-H, und nicht verziere
Das letzt're mit der Septim' D,
Es sei denn, ein Quartsextklang geh'
Vorher; trat dieser zwischen drein,
Lieb Vaterland magst ruhig sein.
E-Gis-H-D wirkt dann ganz fein.
    Nur setz' die Tonica drauf richtig
(Quintlos), denn dies ist äusserst wichtig.
Auf weitere Tugenden verzicht' ich.

Neunzehntes Capitel.

    Viel Verse sahst du schon mich schreiben,
Und doch will viel zu sagen bleiben.
Der Muth will manchmal von mir weichen.
Wird mir's gelingen, werd's erreichen
Ich? — Alles expliciren richtig?
Denn complicirt wird nun, weitschichtig,
Von philosoph'schem Hauch beschattet,
Was jetzt kommt. — Aber unermattet
Lass fassen mich den Feind in's Auge.
Hör' aufmerksam mir zu. Was tauge
Zu deiner Fördrung sollst du wissen.
Denn, wie Beafsteak mit Hindernissen
Nicht zu verschmähn'der Leckerbissen,

So freut die Schwierigkeit den Geist,
Der kampfesfroh, zu allermeist.
Warum Septime abwärts schreitet,
Zu dieser Frage hat geleitet
Dein Wissensdurst dich längst. — Gestatte,
Vorauszugreifen mir. Wohl hatte
Die Vorhaltslehr' ich aufgehoben,
Doch ob etwas davon verwoben
In dies Capitel, scheint unwichtig.
Zur Dreiklangsfolg' zurücke richt' ich
Den Blick dir. — Denke, C-E-G
Dreistimmig nur, sei zu verbinden
Mit G-H-D. Du weisst zu finden
Das Band in G, lenkst E nach D.
C soll nach H.

120. Nun stell' dir vor,
Es zögre noch. Dann trifft dein Ohr
Ein neugearteter Accord.
Erkenn' die Dissonanz sofort
In der Secund C-D. Beachte
Was ich dir zu erklären trachte.

Vorhalt. Lösung.

G Grundton v. D.
Quinte zu C.

121. G wird zum D vorstell'n den Grundton,
Dem C dient es als Quint zur Stund' schon,
Und wirkt in diesem eignen Fall
Als ein zweideut'ges Intervall.
Grundton und Quint' zugleich sein, — nie
Kann lang' dies währen. — Also sieh,
Dass G für eins sich muss entscheiden.

Nun wär' das Ohr nicht zu beneiden,
Das G als Quint' vernähm' auf's Neue,
Denn dass sich unser Ohr erfreue,
Muss wirksame Veränd'rung walten
In den harmonischen Gestalten.

Naturwidrige Lösung.

G (Quinte) G (zweideutig) G (wieder Quinte).

War Quint das G vorher, so wird
S'nun Grundton wollen sein. — Es irrt
Dein Geist nicht, wenn er dies voraussah! —
Schon weisst du, wie ein Vorhalt aussah,
Und siehst dass auf die richt'ge Spur
Ihn abwärts liebend führt Natur.
 Mit H erschien der Gdur-Dreiklang
 In welchem G als Grundton neu klang.

122. Denk' nun auch an das Quintverbot,
Die Quintenfolge, die uns droht,
Wenn C-E-G, der Tonica
Folgt ungenirt ein D-F-A.

123. Im Geiste schobst du A-C-E
Darein. Befiehl' ihm dass es steh',
Mit C-E-G sich zu verbinden.
Was wirst du dann vor Augen finden?
Voll neuer Kraft die ihm zu eigen,
Wird sich der Septaccord dir zeigen:
 Vereinigt siehst du innerlich
 Zwei Dreiklänge, die liebten sich.
 C-E dem einen Terz und Quint,
 Dem andren Prim'*) und Terz nun sind.

---

*) Prime = Grundton.

Septaccord aus zwei in einander gefallnen Dreiklängen bestehend.

War früher nur ein Ton zweideutig,
Dem Intervall genüber heut' ich
Muss fragen, wie aus uns'rer Pein
Wir mögen hold erlöset sein.

124. Mit Intervallen wie mit Damen
Ist raisonniren schwer. — Drum kamen
Gelehrte zu dem Schluss, es müsse
Um wegzuwälzen Hindernisse
Das Intervall ersetzet werden
Durch einen Ton. Nicht viel Beschwerden
Macht's uns, zu finden ihn. — Für A
Ist D als Grundton alsbald da,
Für G als Quint. — Nun siehst du wohl,
Was dir die Vorhaltslehre soll
An Vortheil bringen. — Ein Accord
Begrüsst dich hier, den du sofort
Erkennst. — Zweideutig scheint auch hier
Das D. Woll' überlegen dir,
Dass A gewesen Grundton, drum
Sei nicht erstaunt, o Publicum,
Bestrebt es sich nun Quint zu werden.
Das übrige macht kaum Beschwerden.

für C-E wird D gesetzt (Grundton zu **A**, Quint zu G).

125. Da uns die Terz noch fehlt allein
Zu A-D, schicke G sich drein
Nach F zu schreiten. — So beweist
Dir Freund, der philosoph'sche Geist,
Dass abwärts strebt die Sept zumeist.

Abwärtsschreiten der Septime.

„Zumeist" sag' ich mit Vorbedacht,
Denn alles ist nicht abgemacht
Mit dem, was ich hier expliciret.
Doch wie vom Einfachen man führet
Dich zum Verschlung'nen allgemach,
Gedenk', dass morgen auch ein Tag,
Der habe seine eig'ne Plag'!

Zwanzigstes Capitel.

Sowie die Lösung uns gelungen
Von A-C-E-G, sei erzwungen
Die jener Vierkläng', die wir fanden
Als wir die beiden Dominanten
Je einem Tone einst gepaart.
F-A-C-D entdecket ward.

Quintsextaccord.

126. Merk' seinen Namen dir sogleich
Quintsextaccord im Tönereich
Ist er getauft.

127. Als Septaccord
Nimmt D zum Bass er an. — Sofort
Erwäge nun: Wie A-C-E-G
Nach A-D-F, so D-F-A-C
Nach D-G-H getrieben wird.

Theoretische Lösung von D-F-A-C.

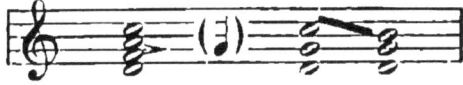

128. Ingleichen leite unbeirrt
G-H-D-F nach G-C-E
Doch lass dir sagen noch: versteh'
Rein theoretisch dieser Klänge
Fortschreiten; alle diese Gänge
Wird Praxis anders oft gestalten
Wenn Einflüss' hindernd hier vorwalten.

Theoretische Lösung von G-H-D-F.

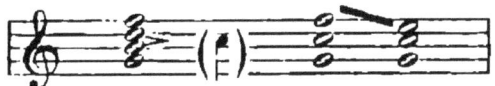

129. Dass F-G-H-D wir erschauet
Zuerst, erinn're dich. Vertrauet
Sei dieses Klangs Bezeichnung auch dir,
Secundaccord nennt ihn der Brauch dir.

Secundaccord.

130. Des Vierklangs zwei der Umkehrungen
Sind uns bekannt. — Sei umgeschwungen
Der Septaccord, — als Hauptvierklang

Uns auch vertraut, noch einmal. — Lang
Nicht wirst du suchen, bist du D
Als Bass siehst. — F-G-H ersteh'
Darüber als Terzquartaccord.

Terzquartaccord.

131. Nun hör' noch dieses letzte Wort!
Schau rund umher, an welchem Ort
Secunde oder Sept sich finden.
Den Abstand wolle dann ergründen,
Der dieses Intervall vom Bass
Getrennt hält. — Denn es gibt dir das
Des Klanges Namen, ohne Spass.

Die vier Gestaltungen des Dominant-Septaccords.

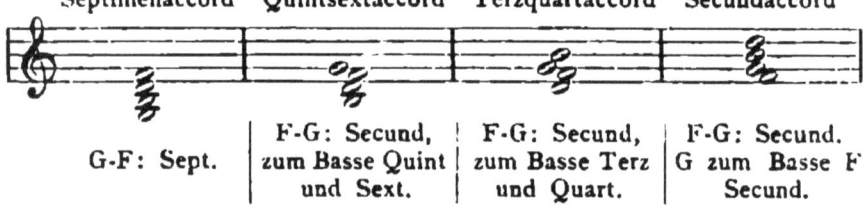

Septimenaccord	Quintsextaccord	Terzquartaccord	Secundaccord
G-F: Sept.	F-G: Secund, zum Basse Quint und Sext.	F-G: Secund, zum Basse Terz und Quart.	F-G: Secund. G zum Basse F Secund.

132. Wie's mit den Ziffern sich verhält
Wird dir sofort vor's Aug' gestellt.

Bezifferung der Vierklänge

(Die eingeklammerten Ziffern werden nur in nöthigen Fällen zugesetzt,
sonst weggelassen.)

Dabei sei ferner nicht verschwiegen
Wie manchmal wohl es sich mag fügen,
Dass anders noch die Dinge liegen.
    Hörst grüssen einfach du, „Herr Rath"
'Nen Mann, der kreuzet deinen Pfad,
Und denkst dir weiter nichts dabei,
So wiss', es sei nicht einerlei,
Wenn du ihn triffst in der Gesellschaft,
Ob dir ein guter Freund zur Stell' schafft
Der Titel Kenntniss, die ihn zieren.
Sonst magst du seine Huld verlieren.

    133. So sieh denn Vierklänge oft prahlen
Mit mehr als den gewohnten Zahlen.
Es wird mit Quinte und mit Terz
Der Septaccord oft prunken, Herz.
Auch Quart und Sext siehst du erscheinen,
Sich der Secunde zu vereinen,
Quintsext will nach der Terz verlangen,
Terzquart will mit der Sexte prangen.
    Sind alle Deutschen titelsüchtig,
    So machen auch Accord' sich wichtig,
    Bedenken kaum, dass alles nichtig!
Doch zur Erklärung sieh erbötig
Mich gleich. Im Moll ist häufig nöthig
Dir Intervalle vorzuführen,
Die sonst den Namen nimmer zieren.

Septaccord. Quintsextaccord. Terzquartaccord. Secundaccord.

Vollkommene Titel der Septimenklänge.

Terz- Quint- Sept- Accord.	Terz- Quint- Sext- accord.	Terz- Quart- Sext- accord.	Secund- Quart- sextaccord.

134. Denn leider dort es sich ereignet,
Dass du nie siehest vorgezeichnet
Der Dominante Leiteton,
Der doch in Umkehrungen schon
Stets vorkommt. Dass in Ziffern dar
Er sich uns stelle, scheint wohl klar.
Nothwendig dünkt mich's offenbar.

Einundzwanzigstes Capitel.

Die uns als Vierkläng' sind bekannt,
Erwiesen sich als Dominant-
Verbindungen. — Die ob're lieh
'Nen Ton der unt'ren, — gleichfalls sieh
Die unt're diesen Dienst erwidern.
So konnt' an F-A-C sich gliedern
Ein D; ein F an G-H-D.

135. Noch eine Möglichkeit erseh'
Ich, Dominanten zu verbinden.
Will zu H-D: F-A sich finden
Entsteht ein Septaccord der sieb'ten
Tonstufe, zählt zu den beliebten
Der Gegenwart. Doch nur geübten
Kunsthänden mög' er sich vertrauen,
Sonst dürft' er selten uns erbauen.

6

Oberdominante (2 Töne).

Unterdominante (2 Töne).

136. Von jeder Dominant' ein Paar
Der Tön' gruppiren sich, und klar
Erscheint's, dass sie zur Mitte streben.
Die Tonica wird sich ergeben
Mit Doppel-E. So in Cdur
Gebrauche diesen Vierklang nur.

Auflösung des Septimenaccordes der 7. Stufe.

Die Umkehrungen, — spitz' die Ohren,
Dass solche Kund' dir nie verloren,
In C dur finden keine Stätte.
Für sie such' in Amoll ein Bette.
Erläutert sei dir gleich, warum!
Doch lausch' mit Ernst, o Publicum!

137. Der H-D-F-Klang im Cdur
Erschien nicht häufig, war auch nur
Als mangelhafter Septaccord
Zu fassen, bei dem Grundton fort-
Gelassen war (das G). Zugleich auch
Erschien in Amoll häufig euch auch
Derselb', gehörig zur Cadenz,
(Als Sextaccord natürlich, wenn's
Dir noch bekannt, der zweiten Stufe).
Cadenzaccord' steh'n in dem Rufe
Viel mehr zu werden angewandt,
Als solche vom geringerm Stand.

138. So wirst begreifen du, dass oft,
Wenn wir in Cdur, unverhofft
Uns dieser Klang nach Amoll führte,
Da plötzlich er in sich verspürte
Wie er D-F-A remplaçirte.

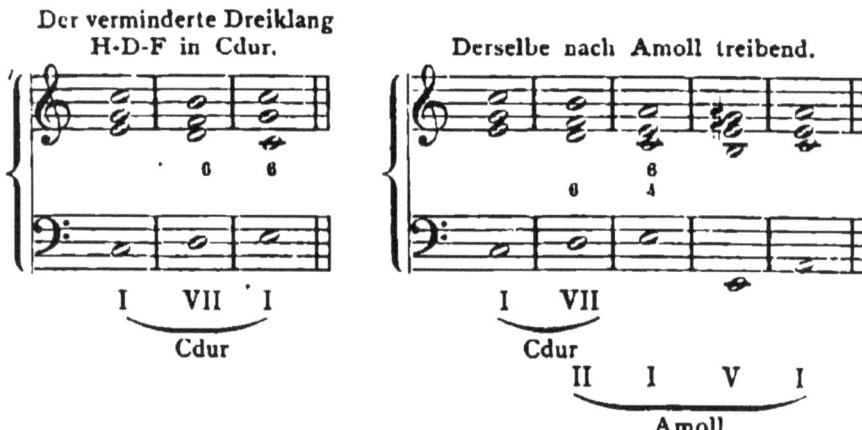

Der verminderte Dreiklang
H-D-F in Cdur.

Derselbe nach Amoll treibend.

139. Ward D-F-H schon hingezogen
Zum Amoll, — wird's noch mehr bewogen
Sich finden, wenn sich mit ihm paarte
Der Ton A selber. — So gewahrte
Der Forscher, dass Cdur gebühret
Der Grund-Vierklang, dass jede führet
Der Umkehrungen in's Amoll.
Dein Kopf dies nicht vergessen soll,
Sonst wird die Arbeit fehlervoll.

Die Umkehrungen dieses Accordes, in Cdur dem Gefühl widerstrebend,
nach Amoll zugewandt.

schlecht.　　　schlecht.　　　sehr schlecht.

gut.　　　gut.　　　gut.

Ward dir wohl einst bekannt ein Mann,
Von dem man nicht recht sagen kann,
Was seine Art, ob Fleisch, ob Fisch,
Ob lustig, zornig, träumerisch,
Der gleich sich ist in allen Lagen,
Verdruss nicht wecket noch Behagen,
So denke dieses Mannes itzt.

140. Denn auf der siebten Stufe sitzt
Der Molltonart, — sein Conterfei.

Verminderter Septimenaccord auf der siebenten Stufe in Moll.

Dass Septime vermindert sei
Bemerkst du hier zum ersten Mal! —
Es bleibt dir weiter keine Wahl;
Ihn den verminderten Septimen-
Accord zu rufen, will dir ziemen.
Characterlos schaut er in's Antlitz
Dir, findet viel sich vor im Freischütz,
Doch auch bei Mozart. Nicht verachten
Magst du ihn, da nicht selten trachten
Tonkünstler, unbestimmte Klänge
Zu mischen in der andern Menge.
Vorzüglich dann für solchen Dienst
Will eignen sich das Klanggespinnst,
Das seinen Namen führt. —

141. Merk, alle
Ihm zugehör'gen Intervalle
Sind unter sich selbst gleich gestaltet .
In Gis-H, H-D, D-F waltet
Die kleine Terz. —

142. Erkenne weiter,
Wenn zwei Dreikläng' der Molltonleiter
Gis-H-D, H-D-F sich schmiegen
Eng in einander, siehst du liegen
Vor dir das Ding, von dem die Rede.

Kleine Terz.

Kleine Terz.   Kleine Terz.

Zwei ineinander fallende
verminderte Dreiklänge.

Merk' ferner, dass ihm beinah' jede
Verbindung recht ist. Zwar vor allen
Ziemt's nach der Tonica zu wallen.

143. Da sich der beiden Dominanten
Fragment' einst nach der Mitte wandten,
Naturgemäss gescheh's auch hier.

Naturgemässe Auflösung.

Doch weh' uns! Dieser Schritt ist schier
Zur Ausnahm' worden in der Praxis,
Die vieles schlimme heiligt. Mag sie's
Verantworten, s'fällt schwer ihr kaum,
Da itzt sie hindert gar kein Zaum.

144. So sieh, dass A-C-F mit Freuden
Sich anschliesst. Ebenso will leiden
Dein Ohr A-D-F, A-D-Fis.
Auch stösst hier auf kein Hinderniss
Das A-Cis-E und Gis-H-E
Bis zum Hmoll-Quartsextklang geh',
An dessen Stelle auch H dur
·Erkling', nicht widerstrebt Natur.

Andere Auflösungen des verminderten Septimenaccordes.

Doch and're Lösungen betrachte
Mit Vorsicht, jeder Zeit beachte,
Dass Willkür leicht Orthographie
Verändert, vor der Hand woll' nie
Dir Gis als As, Ces als H denken,
Dies würd' zur Corruption Dich lenken,
Ein Danaer-Present dir schenken.

1.;5. An Gis-H-D-F will sich reihen
Ein gleichart'ger Accord. Nicht scheuen
Woll' Aufwärts- oder Abwärtsschreiten,
Da nicht will zu Verbot'nem leiten
Dich solches Thun.

146. Doch kaum bereiten
Wird Freud' es, lässt du mehr als drei
Verminderte Septimenklänge
Chromatisch folgen sich. Es sei
Denn, dass für Häufung solcher Menge
Poet'sche Gründe lägen vor.

Mehrere verminderte Septaccorde in chromatischer Folge.

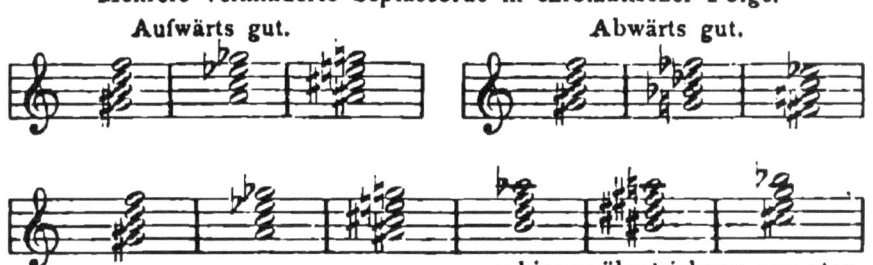

v. hier an übertrieben u. monoton.

Im Uebrigen sagt dir dein Ohr,
Dass schon der viert' in solcher Reihe
Dem ersten gleich klingt. —

147. Wenn ich leihe
Ihm Gis statt As, erkennst du bald
Dass er in Umkehrungsgestalt
Den erstgehörten widerspiegelt.

Umkehrungen des
Iten.   IIten.   IIIten.

So lass sich nimmer ungezügelt
In wildem Taumel rastlos umdrehn
Die Muse dein, bald würd's schlimm drum stehn!

Zweiundzwanzigstes Capitel.

Leicht ist's, den Fürsten zu erkennen,
Leicht, die Minister zu benennen,
Indess der Niedern grosse Schaar
Nicht wird beim ersten Anblick klar.
Es fehlen Unterscheidungszeichen,
Zu sehr die Niedrigen sich gleichen.
So in der Tonkunst Tonica
Als Fürst thront unbestritten da.
Die Dominanten hülfreich stützen
Den Thron, doch weiter draussen sitzen
Accorde, deren stillen Werth
Erst spät're Zeit dich schätzen lehrt.
Erkenne sie als Nebenklänge,
Veracht' sie nicht! Die ernste strenge
Kunst will das kleinste Mittel schätzen,

Wird öfters dir das Ohr ergötzen
Mit den obscuresten Accorden,
Wenn des gewohnten satt du worden.
　So findest du Vierklänge auch,
　Die nicht so häufig im Gebrauch,
　Als die bis jetzo uns bekannt sind.
　Den Nebendreiklängen verwandt sind
　Die Nebenseptimenaccorde.
Wie Englands Königen die Lorde
Sind untergeben, aber nöthig,
Sind diese auch zum Dienst erbötig.
Um insgesammt bekannt zu werden
Damit, zu sparen viel Beschwerden
Lass reden mich, wie von Cadenz
Einstmals, zu dir von der Sequenz.
　Als dir in Gliedern gleichgestaltet,
　(Wobei Quartschritt im Basse waltet)
　Die Dreiklänge, so Cdur eigen
　In voller Zahl sich wollten zeigen,
　Ward dir Sequenz bereits bekannt,
　Jedoch der Name nicht genannt.

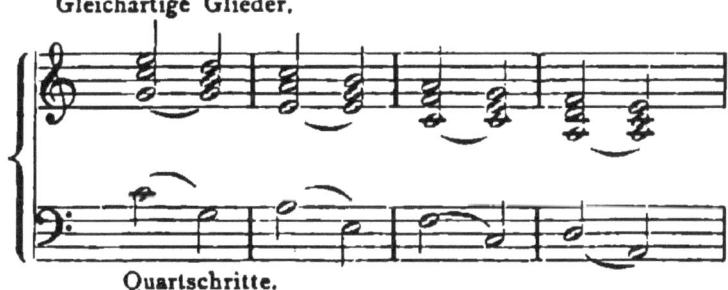

Gleichartige Glieder.
Sequenz von Dreiklängen.
Quartschritte.

Bei Vierklängen wirst du erleben,
Dass Aehnliches sich will ergeben.
　Verbanden sich zwei Klänge froh,
　So denken andre: Ebenso
　Lass thun uns, da es diesen frommt.

148. Aus solcher Nachahmung dann kommt
Die Kette von gleichart'gen Gliedern
Den Hohen sieh gesellt die Niedern.
    Ein Glied reiht sich dem andern an.
    Erst kommt die fünfte Stufe dran
    Als Quintsextklang. — Die Tonica,
    Bleibt dieser pflichtbeflissen nah!
    Auf fünf und eins*) folg' vier und sieben
    Dann drei — sechs, zwei -- fünf woll' belieben
    Zu setzen, eins — vier, sieben — drei
    Komm' hierauf, weiter noch sechs — zwei.
    Doch nun wird wieder ein sich stellen
    Fünf — eins. Du nahtest dich den Quellen
    Des Ausgangs, — siehst, im Kreislauf zeigen
    Die Drei- und Vierkläng' allzumal
    Sich hier uns, die der Tonart eigen.

So wird ihr ganzes Material
In der Sequenzenkett' erschauet.
Nun sei dir weiter noch vertrauet
Der Hörer werd' nicht sehr erbauet,

---

*) Es sind die Tonleiter-Stufen gemeint.
**) Der verminderte Dreiklang ist in der Sequenz zulässig.

Würd'st du in Praxis regaliren
Ihn mit den Gliedern all. 'S wird zieren
Eins und das andre manches Stück,
Die ganze Masse halt' zurück,
Mit einzelnen versuch'· dein Glück.

149. Quintsextaccord und Dreiklang machten
Ein Glied der Kette aus, verachten
Nicht woll' drum den Terzquartaccord!
Wohl ist nicht immer er am Ort.
Auch dünken matter uns die Schritte,
Doch Dreiklang fügt sich nach der Sitte
Ihm gleichfalls an.

150. Secundaccord
Verlangt die Terz im Bass sofort.
Sextaccord folgt ihm allerwegs.
Drum brauchst du jenen, überleg's!
So siehst du dass mehr Ketten möglich.
Mit ihnen mach' vertraut dich täglich.
Ueb' dich in dem Gebrauch unsäglich!

Kette mit Terzquartaccorden.

Kette mit Secundenaccorden.

Kette mit Septimenaccorden (ungebräuchlich).

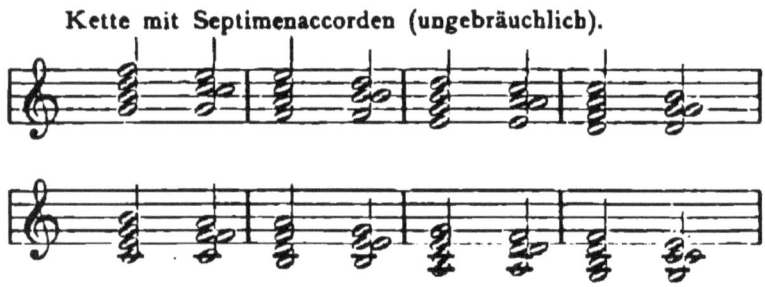

Dann lass dir schliesslich noch bemerken,
Die neue Kenntniss dir zu stärken,
Dass in der Hälft' der nöth'gen Frist
Die Möglichkeit gegeben ist,
Das ganze Vierklangsmaterial
Uns vorzuführen allzumal.
    Quintsextaccord auf's Neu' ertöne,
Die Bassnot' H sich nun entwöhne,
Als Leiteton aufwärts zu streben.
Sie bleib' an ihrem Platze kleben,
Die neue Sept zu präpariren.

151. Zu einem Vierklang wird uns führen
Die Lösung, auf H-D-F-G
Folgt H-C-E-G, so entsteh'
Ein Glied das zwei Vierklänge paaret.

Anfangsglied der Kette von Vierklängen.

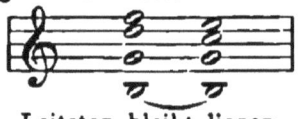

Leiteton bleibt liegen.

152. Nun siehst du wieviel Zeit man sparet
Auf diese Art. Es g'nügen vier
Der Glieder, vorzuführen dir
Das ganze Vierklangsmaterial
Der Tonart. Sieben Kläng' an Zahl.

Dem Quintsext-, folgt Secund-Accord
Dies setzt sich eine Weile fort,
Bis du zur fünften Stuf' gelanget.
Doch dann des Hörers Ohr erbanget.
Wenn du, die Leidensfrist zu enden,
Nicht volle Consonanz willst spenden.
Die Tonica erklinge fröhlich
Und stimm' das Herz des Hörers selig.

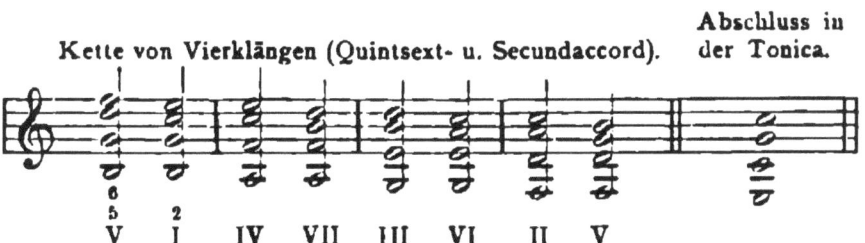

Kette von Vierklängen (Quintsext- u. Secundaccord). Abschluss in der Tonica.

153. Beginnst du mit dem Terzquartklange,
So quält der Zweifel dich nicht lange,
Grundseptaccord will an sich schliessen!

154. Lass du dich weiter nicht verdriessen:
Mit dem Secundklang auch beginne!
Es währt nicht lang' so wirst du inne
Ihm folge der Quintsextaccord.

155. Doch lass die letzte Kette fort
Von Septaccord und Terzquartklang.
Sie ist durchaus nicht sehr im Schwang.

Terzquart- und Septimenaccorde (etwas matt).

Secund- und Quintsextaccorde (gut).

V I IV VII III VI II V

Septimen- und Terzquartaccorde (nicht zu empfehlen).

Ueb' jene Gänge fort und fort
Und sei versichert, dass sie nützen,
Dich vor Banalität zu schützen.
 Denn mancher schlechte Componist
 (Und viele giebt's zu dieser Frist)
 Dem thöricht Schaffen eine Lust ist.
 Des Materials sich kaum bewusst ist,
 Das liebend' für ihn aufgespeichert
 Natur. — Wer klug ist, wird bereichert
 Durch weise Auswahl jener Neben-
 Septimaccorde, — wird erleben,
 Dass man harmonisch distinguirt
 Ihn findet, andre ungenirt,
 Roh, bäurisch, uncivilisirt.

Dreiundzwanzigstes Capitel.

Wie steht's in der Molltonart nun?
Kaum lassen dich die Zweifel ruh'n,
Da Dreiklangsketten Schwierigkeit
Schon schufen uns zu seiner Zeit.
 Wir mussten einstens uns bequemen,
 Ein G in's Amoll aufzunehmen.

Als Terz erschien's uns unbedenklich,
Als Quint' schon etwas mehr verfänglich,
Als Grundton doch im Moll unleidlich.
So aergert uns schon damals weidlich
Des Molles unselbständ'ge Art.
Doch wehe! Noch viel schlimm'res ward
Für dies Capitel aufgespart.

156. Du denkst des Monstrums noch mit Grauen,
Das wir auf dritter Stufe schauen.

157. Zwei grössre sieh' nun auf sich bauen!
A-C-E-Gis, C-E-Gis-H.
Dein Aug' niemals dergleichen sah'!

Uebermässiger Dreiklang.   Vierklänge, die den übermässigen Dreiklang enthalten.

Du siehst in ihrem Leib verborgen
C-E-Gis, und gewiss mit Sorgen
Der „übermäss'ge" dich erfüllt.
Gedenke, dass von E aus quillt
Nach oben Gis, nach unten C.
Ich Widerspruch nur vor mir seh'!
   Ministerkrisis! — Tonica
   Und Dominante streiten da!
   Die Lösung liegt uns freilich nah!
Wenn Vierklänge uns präsentiren
Ein gleiches Schauspiel, dann verlieren,
Wird nur, was in der Minderzahl!

158. A-C-E, hier bleibt keine Wahl
Erkennst als A-moll-Tonica

Du gleich, doch in E-Gis ersah'
Gewiss nur ein Fragment dein Auge
Von E-Gis-H.

159. Drum einzig tauge
Die Lösung uns, die A-C-E
Befriedigt, deshalb aufwärts geh'
Die Septime, A zu erreichen.
Bisher sahst du noch nie desgleichen.

Domin.-
Fragment.   Lösung.

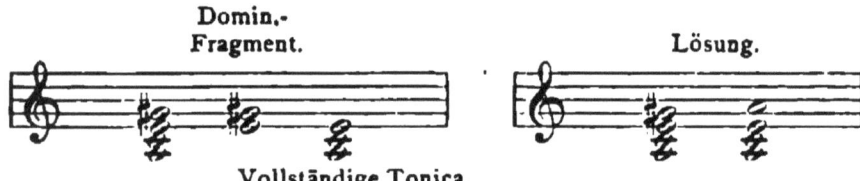

Vollständige Tonica.

160. Zu fassen voll dies, denk', mein Kind,
Die Dominante sei gesinnt,
In Tonica sich zu ergiessen.
Die Bassnot' wird quintabwärts fliessen,
H gehn nach C, E liegen bleiben.
Gis sollte auch nun aufwärts treiben;
Verführt durch E doch bleibt es kleben!
Aus diesem Grund wirst du erleben,
Dass A-C-E-Gis, dieser Vierklang,
Als Intervallverzög'rung dir klang.

Erklärung der Lösung.
Verzögerung d. Leitetons.

Dominante.   Tonica.

161. Wie aber steht's im andern Falle?
Für Tonica zwei Intervalle
Nur zählest du.   Vollständig pranget
Das E-Gis-H, so hier verlanget,
Als Dominante obzusiegen!

162. Trotz alle dem muss sie erliegen,
Auch hier der Tonica sich fügen,
Da abwärts C in's H zu führen,
Dem Künstler würd' das Herz zuschnüren,
Indem H oben schon vorhanden
Als Dissonanz. — Es hält in Banden
Der starke Bass den ganzen Klang,
Der stets noch zum Gehorsam zwang
Was widerstrebt. — Ihm wird's gelingen
Auch jetzt das H abwärts zu zwingen.

Vollständige
Dominante.

Fragment der Tonica.

Unmögliche Lösung.   H nach A.

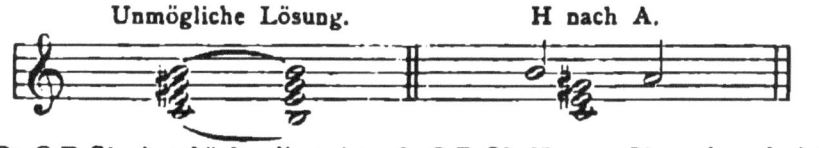

(Da C-E-Gis-A schärfer dissonirt, als C-E-Gis-H muss Gis auch nach A.)

163. Es muss sich dann in's A begeben
Gis scheint unmöglich uns daneben,
Da jener scharfen Dissonanz
'Ne schärf're folgen würd'.   So kann's
Nichts thun, als aufwärts ebenfalls
Nach A geh'n.   Jeden Intervalls,
Das widerstrebte, ledig also,
Obsiegt der Bass in diesem Fall so.

Richtige Lösung, H und Gis nach A.

Da beide neuen Klänge Gis
Enthalten, das als Hinderniss
Sich bot, erstrebten wir 'ne Kette
Von Gliedern, giebst du auf, ich wette,
Sequenzen, wie in Dur zu schauen.
Das Gis wird sich im Wege stauen,
Allwärts verhindern Abwärtsschreiten
Und dich zum richt'gen Schlusse leiten,
Dass ohn' Annäherung an's Dur
Im Moll du stecken bleiben nur
Wirst kläglich, Sohn, indem Natur
Den Fortschritt der Vierklänge hemmet.

Septimenkette in Amoll mit Dreiklängen.

Septimenkette von Vierklängen.

Das Anfangs-Gis muss in G umgewandelt werden, um abwärts schreiten
zu können.

164. Deswegen sei nicht eingedämmet
Die Lust, sie trotzdem anzuwenden,

7

Wenn auch gehäuft nicht, sie zu spenden
Mit wohlgeübten Künstlerhänden.

165. Noch zwei Accorde zu erwähnen
Scheint nöthig kaum. F-A-C-E
Ist dir bekannt. D-F-A-C
Desgleichen. Da sich anzulehnen,
Arbeitest du in Moll, an's Dur
Dir, wie ich zeigte, lehrt Natur,
Sei keines Winkes erst gewärtig!
Mit diesen wirst du leichtlich fertig.

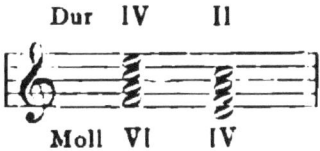

Wie die vorher'gen Nebenklänge,
Gehören sie zur grossen Menge,
Die in der Kette Stellung finden,
Doch nur in Dur sich leicht verbinden
Auf viert' und zweiter Stufe dort
Erkennst du sie, mein Sohn, sofort,
Indess auf sechst' und vierter prangen
Im Amoll beide. Unbefangen
Wie jene andern woll' sie nützen,
Als manchmal recht willkomm'ne Stützen,
Dann wirst du grosses Heil erlangen.

Vierundzwanzigstes Capitel.

Du kennst gewiss gar manchen Mann,
Von dem man treulich sagen kann:
So ist sein Wesen, seine Art,
Stets einfach er erfunden ward.

Von ihm wird in Erstaunen setzen
Dich nichts, es wird dich nie verletzen
Ein ungenirt, excentrisch Treiben.
Solid, gediegen wird er bleiben,
So meinst du. — Eines Tages, ha!
(Begreifst du wohl, wie das geschah?)
Steht er verwandelt vor dir da!
   So lern', dass G-H-D-F zwar
Redlich bisher beflissen war,
Die Tonica herbeizuführen.
Wohl Trugschluss einst wollt' uns geniren,
Doch ist als Excess schon verzeihlich,
Kommt er zu oft nicht vor. — Dann freilich
Erscheint er manchmal ungedeihlich.
Doch sieh! Zu schlimmen Thaten rüstet
Der Vierklang sich. Und weh! Er brüstet
Sich bald auch, dass ihm viel gelungen,
Dass siegreich stolz er eingedrungen
In Gegenden, die wohl bewahrt
Man wähnt vor seiner bösen Art,
Die zu erobern ihm gefielen,
Da itzt er strebt nach fernen Zielen.

166. Dass der Quartsextaccord auf A
Ihm folgen könne, leicht ersah
Dein Aug' den Grund, denn jener muss
Nach A-C-E gehn, da Verdruss
Dem Ohr sonst wird, statt Hochgenuss.

167. In diesem Ausnahmsfalle sieht
Dein Auge drum, wie sich gestalten
Will Trugschluss, wird ihm vorenthalten
Sofort'ger Eintritt. Es vollzieht
Naturgemäss sich alles, nur
Bemerke, dass dann keine Spur
Von Terzverdopplung zu erblicken.
Verzögerung lässt manches glücken,
Was sonst sich nicht so recht will schicken.

Andere Auflösung des Dominant-Septaccordes.
Trugschluss.

Verzögerung
d. Trugschlusses.

168. Erklärt wird anders auch der Schritt.
Da's nützet später, theil' ich's mit.
D-F nimm' als die Hauptsach' an,
Die sich behaupten will. Sie kann
Dies thun nur, fand die Quint sich ein,
Dreiklangscharacter ihr zu leih'n.
So zwingt D-F das G und H
Sich zu begegnen hold im A.
Die neue Lösung trat uns nah!

(Quinte von D-F.)

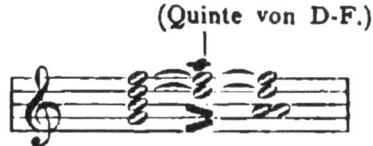

169. Denk' G-H sei betont zumeist,
So sagt sofort dein kluger Geist,
Dass keine Aend'rung nöthig ist,
Da im Besitz des D du bist,
Das Quinte. — Wenn zugleich nun geh'n
D und auch F nach E, so seh'n
Wir, dass hier keine G'nüg geschehn
Dem Triebe, der uns vorwärts zwinget,
Da alles flau und leblos klinget.

Quinte v. G-H
(schon vorhanden).   flaue Lösung.

Unterquinte E.

Viel anders doch gestaltet sich
Die Wirkung wenn dem G i s G wich.
Die Flauheit ist sofort geschwunden,
E d u r als frischen, kerngesunden
Klang hat mit Wonn' dein Ohr empfunden.

170. Bleibt liegen D an seinem Platz,
So wisse, dass du schufst, mein Schatz,
'Ne wicht'ge Folg' von terzverwandten
Vierklängen, die auch Dominanten.

Gute Lösung.

Dominant-Septimenaccord-
Folge.

Dies zu behalten hab' wohl Acht.
Wohl Freude einst dies Wissen macht,
Ward erst der Modulation gedacht.
„Lupus in fabula." Kaum floh
Vom Munde jenes Wort, und, oh!
Wir stehen schon in seinem Bann.
Wie so? Das sag' ich jetzt dir an.

171. Der Mitte ward noch nicht gedacht.
H-D denk' dir, woll' überwiegen,
Dann wird nichts andres nahe liegen,
Als ihm ein Fis hinzuzufügen.
Nun alles sich von selber macht.
G kann sich obstinat nicht zeigen.
Dem obern Fis muss es sich beugen.
Mit Fis-H-D-Fis aber sieh
In Hmoll uns, du weisst nicht, wie.

Fis: Quinte zu H-D.   Lösung.

Das Cdur scheint uns nur ein Traum,
Dass wir so fern, wir merken's kaum.
Ein einz'ger Schritt so weit uns brachte,
Ohn' Kenntniss moduliren machte.
Wie er nach weitren Fernen trachte,
Beachte wohl. Hmoll, Hdur
Sind durch's Geschlecht geschieden nur.
In beiden gleiche Quint sich findet,
Dieselbe Dominant verbindet
Die beiden, drum ist unbenommen
Uns, scheint's dem Ganzen sonst zu frommen,
Durch Dur den Mollklang zu ersetzen.

Lösung nach Hdur.

Das Gegentheil wird kaum verletzen,
Doch minder unser Ohr ergötzen.

172. So während G-F nach Fis-Fis
Hinstrebte, hemmt kein Hinderniss
Das D, in's Dis hinaufzulenken,
Und in's Hdur kannst du einschwenken
Von Cdur so mit einem Schritte.
Dies wirkt H-D, des Vierklangs Mitte.
Voll Freud' einst wirst du dess gedenken.
   Wem Unerwartetes geglückt ist,
   Von niedern Zielen kaum entzückt ist.
   Die neuerkannten Kräfte regen
   Den Geist auf, rastlos sich bewegen
   Will er, auf ungewohnten Stegen
   Von Stund' zu Stunde neues suchen!
   Wollt' alle Möglichkeiten buchen
   Ich hier, dies Bändchen schwölle an,
   Dass Niemand hätte Freude dran.

So sei auf wen'ges denn beschränkt,
Was mich dich noch zu lehren drängt.

173. Hör! Nicht Gis-H-D-E allein
Kann Dominant-Verbindung sein
Mit G-H-D-F, sieh zur andern
Seit' dies nach As-B-D-F wandern.

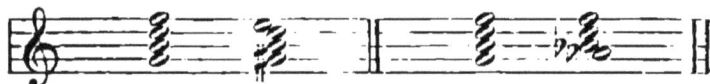

Dominant-Verbindungen
Nach der Kreuz-Seite.   Nach der B-Seite.

174. Nach Esdur will uns fröhlich lenken
Franz Schubert.

175. In's Esmoll einschwenken,
Hat einst gar Mozart schon gewagt,
Kein Künstler solches Thun beklagt,
Ob kühn auch, sehr es uns behagt.

Franz Schubert
(Cdur-Symphonie).   Mozart (Cmoll-Fantasie für Clavier).

176. Auch nach A-C-D-Fis hinauf
Lenk' ungestraft es seinen Lauf,

Andere Lösung (gut).

177. Wogegen Dominantverbindungen
Die endlos, wie des Pythons Windungen
Fortsetzungsmöglichkeit ergeben
(Wie G-H-D-F G-B-C-E)
Wenn überviel gebraucht, uns Wehe
Bereiten, nicht Ergötzen eben.

Trivial und wohlfeil.

So aus Hauptvierklangs Wesen lerne
Wie Septaccord in weite Ferne
Mag schweifen. Von den andern allen
Darfst du zum ungeahnten wallen.
Doch soll dem Ohr es wohl gefallen,
Sei eingedenk, dass eigne Art
Im Vierklang unser Ohr gewahrt,
Dass Häufung complicirter Klänge,
Der Dissonanzen wilde Menge
Zuletzt dem Geist nur Missvergnügen
Verschafft, nicht schönes Vollgenügen.
Gehäufter Reiz bringt Ueberdruss
Drum Mässigkeit vorherrschen muss,
Dies merke, Lieber, dir zum Schluss.

Fünfundzwanzigstes Capitel.

Macht geht vor Recht. So heisst ein Spruch.
Bestät'gung findest du genug,
Dass Richtschnur stets er dem gewesen,
Der sich gedünket auserlesen.
Von Uebergriffen schreibt Geschichte

Viel wild' und tragische Gedichte.
Nie liebt der Mensch sich einzudämmen,
Will stets die Grenzen überschwemmen,
Und nur das Fatum kann ihn hemmen!
  So ist's kein Wunder, wenn zufrieden
  Mit enger Klaus' Niemand hinieden,
  Dass auch der Tonart Schranken bald
  Zu weichen haben der Gewalt.
Auch jenseits beider Dominanten
Will nun das Künstler-Auge schweifen.
Es glaubt, dass schöne Früchte reifen
In Ländern, fernen, unbekannten.

178. Ruf' dir zurück der Tonart Bild.
Jenseits des G-H-D nun quillt
Ein D-Fis-A empor, erkenne
Als weitere Dominant es, nenne
Es Ober-Ober-Dominant
Bis sich ein bessrer Name fand.

Ober-Ober-Dominant.

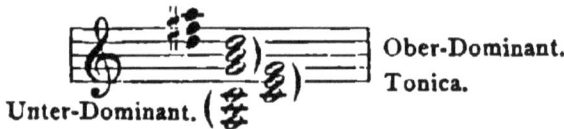

Ober-Dominant.
Tonica.
Unter-Dominant.

Bild der Tonart mit der Ober-Ober-Dominante.

179. Verbind'st du sie der Tonica.
So gibt Gdur sich als die Mitte,
Und dann gewinnst mit diesem Schritte
Du nichts. Denn du erreichst wohl ja,

Dass blos vom C Modulation
Dich nach Gdur geführt, mein Sohn.

Bei vollständiger Zuziehung des D-Fis-A wird G-H-D Mitte.

Bei Zuziehung von Fis-A oben geht F-A unten verloren.

180. Drum auf den Dreiklang woll' verzichten,
Dagegen auf das Fis mit Nichten.
Die Oberdominante stärket
Um einen Ton sich. Drum bemerket
Sei, dass nach unten ein Verlust
Natürlich scheinen will. Du musst
Einbüssen F, Fis zu gewinnen.

Bild der Tonart mit alleiniger Zuziehung des Fis (oben). F unten geht
verloren.

Ober-Dom.
(4 Töne.)

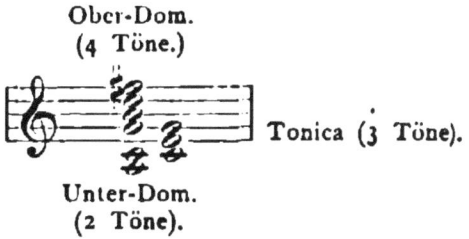

Tonica (3 Töne).

Unter-Dom.
(2 Töne).

181. Doch wähnst du nun, es habe innen
Die Mitte E-G-H, so scheuche
Den Wahn, da in der Tonart Reiche
Nur harte Dreikläng' oben möglich.
H-D-Fis wäre unerträglich.
Als Dominante in Emoll,
Dem Dis ja nimmer fehlen soll.

Bild der Tonart von Emoll (mit Dis).

182. Cdur bleibt Tonica. Voll Stärke
Sieh' Oberdominant. — Bemerke
Vier Töne G-H-D-Fis; unten
Sind zwei (A-C) nur vorgefunden.
  Doch fragst du: Was soll uns das Alles?
  Bedenke, dass des Intervalles
  Fis, das in Cdur oft sich findet,
  Berechtigung hier ward begründet.
Den Namen hör' nun von all dem:
Das übergreifende System
Nennt sich's. Ist Künstlern oft bequem.

Bild des übergreifenden Systems (nach oben).

Ober-Dom.

Tonica.

Unter-Dom.

183. Jetzt wende abwärts deinen Blick,
Bdur strahlt über F zurück.
Der untren Dominante untre,
O Freund, in B-D-F bewund're.
  Doch wie der ganze Dreiklang nicht
  Uns taugen will, auf B Verzicht
  Thu' drum, gewinne dir das D.
  Dann wirst einbüssen in der Höh'
  Du — was? — Die Dominantquint D!
Von Vortheil ich hier nichts erseh'.

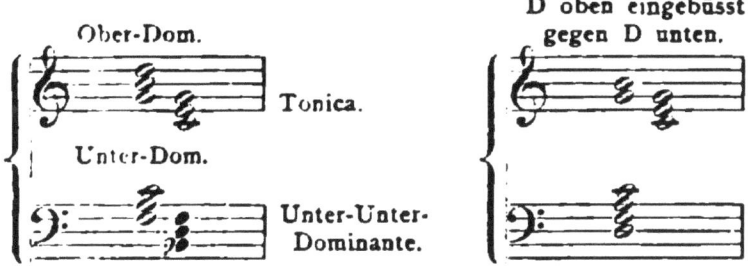

Doch deshalb wolle mir nicht grollen,
Da Neues wir erleben sollen.

184. Molldurtonart uns einst bekannt
Zu allererst ward. — Dort sich fand
Die Unterdominant mit As.
Haha! mein Söhnlein, ahnst du was?

Bild der Moll-Dur-Tonart.

185. Statt Bdur findest du Bmoll.
Für D wird Des gentigen voll.
Gleichgültig D wir heimwärts schicken,
Am neuen Ton uns zu erquicken.

186. Nun sind der Tonart Grenzen Des-H
Ein Ding, wie vormals Niemand es sah.

Das übergreifende System (nach unten).

D geht oben verloren gegen Des unten.

Ober-Dom.
(2 Töne).

Tonica.

Unter-Dom. (4 Töne).

Neue Grenze der   Uebermässiger   Uebermässiger
Tonart.   Sextaccord.   Terzquartsextaccord.

Accorde, sonst ganz unerhört,
Vernimmt dein Ohr nun ungestört.
Des-F-H, Des-F-G-H zeigen
Berechtigt sich im Töne Reigen.
    Als übermäss'gen Sextaccord
    Begrüss' den ersten du sofort.
    Terz-Quart siehst du dem andern eigen,
    Doch übermäss'ge Sexte zeigen
    Wird auch sich. Terzquartsextaccord
    Nenn' ihn, doch woll' nie lassen fort
    Das „übermässig". So allein
    Wird allen die Bedeutung sein
    Erscheinen klar, von Zweifel rein.
    187. Nach eben wende dich zurück.
Statt A-C-Fis grüsst deinen Blick
As-C-Fis. As-C-D-Fis auch
Kommt gleich dem andern in Gebrauch.

Und viel piquanter scheint nun alles
Seit Aenderung des Intervalles.

Nun wird ein müssiges Betrachten
Der Klänge leicht dein Geist verachten.
Da sie als Dissonanzen scharf
Dein Ohr erkennt sofort, so darf
Die Frage wohl gestattet werden
Nach ihrer Lösung. — Viel Beschwerden
Nicht fürchte, da der ob're Ton
Ein sichrer Führer ist, mein Sohn.

188. Das Fis kann nur zum G hinstreben,
Nothwendig wird sich As drein geben,
Abwärts denselben Schritt zu thun.
Zu Doppel G das D bleibt ruh'n,
C wird nach H hinab sich neigen,
Dir wird G-H-D-G sich zeigen.
Von As-C-D-Fis siehst du hier
Die Lösung.

189. Ward As-C-Fis dir
Allein gegeben, merkst du bald,
Dass, ob verändert die Gestalt
Des Klanges, doch mit Allgewalt
As-Fis zu G-G stets wird streben.
Mit Evidenz wird sich ergeben,
Dass C nur im vierstimm'gen Satz
Gewährt für die Verdopplung Platz.

III

190. Ein C wird dann das D erwählen
Ein C zum H sich abwärts stehlen.

Lösung des übermässigen Terzquartsextaccordes.

Vierstimmige Schreibart des übermässigen Sextaccordes.

Lösung desselben.

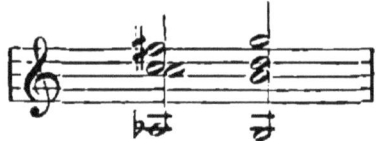

Und G-H-D-G wie zuvor
Klingt uns als Lösung hold in's Ohr.
Zur Dominant gelangest also
Durch As-Fis du in jedem Fall so.
   Und ob ihr auch ein Abglanz eigen
   Von Tonica durch jenes Fis,
   So stellt im As ein Hinderniss
   Sich dar, und klärlich wird sich zeigen
   Gdur sei zu verstehen nimmer
   Als Tonica. C bleibt dies immer
   Lieh Fis ihm auch 'nen neuen Schimmer.
In gleicher Weise lös' Des-H
Nach C-C auf. — Wenn das geschah,
Ergibt sich, dass die Tonica
Durch Des, das dem F-moll verbunden
Wird etwas inficirt gefunden.

Von Dominantenklang. — Doch H,
Der Leiteton sagt: Tonica
Bleibt, — wenn uns Des auch irre führt
C stets, dem dieser Ruhm gebührt.

Lösung des übermässigen Terz-Quartsextaccordes.

Vierstimmige Schreibart des übermässigen Sextaccordes.

Lösung desselben.

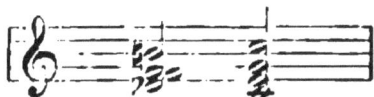

Sechsundzwanzigstes Capitel.

Zuletzt dir vorgestellet sei
Der intressanteste der drei
Accorde, deren Sexte wird
Stets übermässig sein. — Doch irrt
Dein Blick vergeblich auf und nieder,
Da nirgends Es sich spiegelt wieder.

191. So merk'! Zur Molltonart uns führet
As-C-Es-Fis. Und ihr gebühret
Der Klang allein. — Auch er will drängen
Nach wohlbekannten Lösungsklängen.

Bild der Molldur-Tonart.   Bild der Moll-Tonart.

Uebergreifendes System der Molltonart.
Für Fis wird F verloren.   Uebermässiger Quintsextaccord.

192. Doch, da uns Quintenparallelen
Bei raschem Fortgang niemals fehlen,
So wird Verzögerung beliebt sein. —
Gdur kann einzig ungetrübt sein
Nach G-C-Es-G, sagt Natur.
So setz' nach As-C-Es-Fis nur
Quartsextaccord zuerst, mein Sohn.
Dann sprichst du den Gefahren Hohn.

Fehlerhafte Lösung.   Richtige Lösung.

Quinten.

Uebermässiger Quintsextaccord
    der untern Seite.   Lösung.

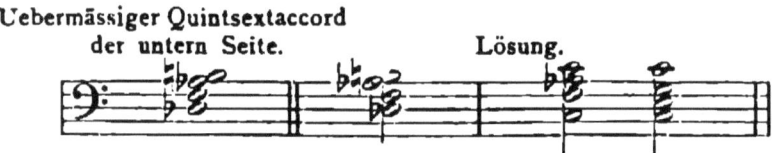

193. Quintsextaccord, den übermäss'gen
Woll' ihn benennen. Wie den lässigen
Eleven ängstigt neues Wissen,
Doch hoch erfreut den, der beflissen,

Den Schatz der Kenntnisse zu mehren,
So wird er kaum sich jetzt beschweren,
Bitt' ich ihn, weiter zuzuhören.
   Seit langer Zeit im deutschen Land
   In jedem Haus, wie dir bekannt,
   Ein Pianino vor sich fand.
Siehst du 'nen Flügel, nicht gemindert
Ist Tonschwall, völlig ungehindert
Durchdringt Musik das ganze Haus.
Für den Gelehrten ist's ein Graus.
Kaum hält's der Komponist oft aus!
   Auf diesem Marterinstrument
   Man vieles wieder kaum erkennt,
   Was dir die Wissenschaft gelehrt.
   Verkenne darum nicht den Werth
   Des Dinges, das so viel Verdruss
   Der Menschheit schafft im Ueberfluss.

194. Fis ist dem Ges hier gleich. —

· 195. Natürlich
Erscheint es kaum dir ungebührlich,
Verwechselst Desdur Dominant
Mit jenem Klang du, der bekannt
Uns eben ward. Nach Cmoll leitet
Der letzte uns. Der erste schreitet
In's Desdur, grosse Confusion
Scheint, lieber Sohn, uns hier zu droh'n.

Auf dem Clavier dieselbe Taste.

Verwechslung von Fis und Ges.

196. Doch ward nicht dein Gedächtniss schwach,
Befürchte kaum ein Ungemach.
Denk' dass der Lösungen 'ne Menge
Zuliessen Dominantenklänge,
Dass drum G-H-D-F mit Freuden
Sich zum Quartsextaccord der beiden
H-Töne (Dur und Moll) bequemet.

197. So sei Verwechslung nicht verfehmet:
Belehrt du, dass As-C-Es-Ges
Nach C dich leitet und nach Des.

198. Und wie von Des die Dominante
Sich gern auch nach Cdur hinwandte.
Steht gleichfalls dem As-C-Es-Fis
Entgegen hier kein Hinderniss.
G-C-E-G auch folgen kann
Und häufig g'nug triffst du es an.

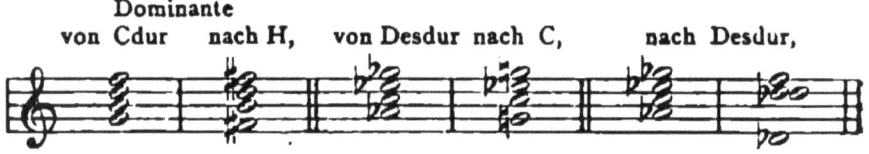

Lass schliesslich dir noch künden, Kind:
Du weisst, für Staatsbeamte sind
Viel Titel einst erfunden worden,
Ganz ähnlich ging es mit Accorden.
Auch herrscht 'ne gleiche Complicirtheit
Hier, so wie dort mit Ungenirtheit.

Kommt einfachem Verstand es vor,
Als sei ein Generalmajor
Dem Generalleutenant vorzuziehn,
Umfängt doch derber Irrthum ihn.

199. So übermäss'ger Sextaccord
Terzquartaccord, Quintsextaccord
Grundklänge sind's, wenn schon das Wort
Umkehrungsnamen gleichen mag.

Bezeichnung der übermässigen Accorde.
Ueberm.: Quintsext-, Sext-, Terzquart-Sextaccord.   (Umkehrungs-
Namen aber Grundklänge.)

6
5♭   6   6
                                          4
                                          3

Denn zweifellos liegts klar zu Tag,
Auf As und Des sind auferbaut
Die Klänge, in As-Fis erschaut
(Je nachdem in Des-H) dein Auge
Der Tonart Grenzen. — Darum tauge
Der Name nur, den ich gelehrt!
Durch andre, Klarheit wird gestört.

200. Schaust du die Klänge umgekehrt
Jedoch, bezeichne insgemein
Nach Intervallen sie, und rein
Mag stets dann dein Gewissen sein.

Umkehrungen der übermässigen Accorde.
                                        kommt vor,
wenig-beliebt.   dito.   gut. klingt hart. gut.   gut.

6♭   5   6♭   7   6   6♭   6
4♯   3♭   4♯   5♭   5   4♯   4♭
                   2   3♯   3♭   3♭   2♯

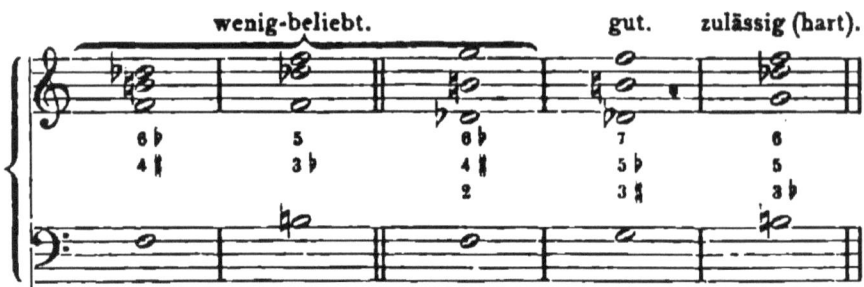

201. Gelegentlich lass mich bemerken
Noch, (dein Vertrauen zu bestärken),
Dass, stellt 'ne Umkehrung sich dar
Des As-C-Es-Fis, du sogar
Nicht selten Vortheil siehst erblüh'n.
Denn oft brauchst du dich nicht zu müh'n,
Dann falsche Quinten zu vermeiden.
   Steht über Es das As, so leiden
   Wir Quartenfolgen gern, Beschwer
   Macht Gdur dann nicht dem Gehör,
   Ein Cmoll scheint nicht nöthig mehr.

202. Drum Umkehrungen scheue nicht
Von diesen Klängen, thu Verzicht
Auf keine, dass du wohl erfahren
In allem, mögest dich bewahren
Vor Wissens Unvollständigkeit.
Erfahrung dir die Praxis leiht.
Einfach wird alles mit der Zeit.

Drittes Buch.

Wenn unser ein's ein Buch geschrieben,
Ist unerledigt viel geblieben,
Was zu verschweigen wir nicht lieben.

Siebenundzwanzigstes Capitel.

Von Freiheit wird so viel gesungen,
Es schwärmen stets dafür die Jungen
Und ist so wen'gen doch gelungen,
In Wahrheit ihrer sich zu freu'n! —
So muss es doch gefährlich sein,
Wenn Last und Fesseln nicht uns hemmen,
Nicht Trotz und Uebermuth eindämmen,
Die alles möchten überschwemmen.
 Frei in der Kunst ist, wer gebunden
 Sich nirgends fühlt, obwohl geschwunden
 Der Regeln Kenntniss nimmer mehr ist,
 Doch wer des Könnens also Herr ist
 Dass, ob in Fesseln, frei sein Geist
 Die Schwingen fröhlich heben heisst,
 Und ohne jemals zu verletzen
 Gesetze, — uns weiss zu ergötzen.
Nun rege du auch deine Schwingen
Ohn' Ziffern mög' es dir gelingen,
Accord' nach eigenem Ermessen
Zum Bass zu setzen. Wenn vergessen
Du nicht, was dir bisher gelehrt ist,
Durch solch' Gebot du nicht gestört bist.

Vor allem denke an Natürliches!
Zusammenzuschweissen Ungebührliches
Mit Widerstrebendem, lass bleiben.
Zur Unkunst drängt dich solches Treiben.

203. Denk' von Dreiklängen der Sequenzen.
Vor allen wiss' auch, dass Cadenzen
Sind nöthig dir zu jedem Schluss.
Trugcadenz auch schafft oft Genuss.
Die sechste Stufe zieh' sie nach sich!
Doch will sie nimmer sein verschwendet,
Sonst Hörers Gunst sich von dir wendet —
Dies wiederholet Tag für Tag sich.

Dreiklangs-Sequenzen.

VI   III   IV

Dritte Stufe hier, zwischen sechster und vierter gut angebracht.

Die dritte Stufe mög' erscheinen,
Kann sie der sechsten sich vereinen.
Sie wird die vierte nach sich zieh'n,
Doch woll' zu oft sie nicht bemüh'n!
Zum Schmuck dient sie der Tonart selten,
Als Beigab' lass' sie gerne gelten.

204. Die zweite Stufe woll' verwenden
Als Sextaccord zumeist, und spenden
Uns diesen dann in der Cadenz.

II (gut).   II (gut).

205. Die siebente brauch' Lieber, wenn's
Gerathen scheint sie an die Stelle
Der Dominant zu setzen. — Fälle
Sind ausgeschlossen nicht, da gut
Der Künstler, so verfahrend thut.

VII (gut).

206. Quartsextaccord woll' gänzlich meiden,
Da Missbehandlung zu erleiden
Er nicht verträgt. — Am Schlusse freilich
Erscheint er häufig uns gedeihlich.
Doch wirkt er greulich und abscheulich,
Wenn rhytmisch unschön er postirt ist,
Nicht stufenweise eingeführt ist.
Und auch in letztem Falle klingt
Nicht schön er stets. Gar schwer bezwingt
Der Schüler seine Eigenart.
Drum werd' im Anfang er gespart,
Bis durch langjähr'ge Praxis ward
Dir später alles offenbart.

207. Der Sextaccord sei unverhohlen
In allen Fällen dir empfohlen,
Wo Dreiklangsfolgen des Effects,
Weil steif, ermangeln. Besser fleckt's
Gleich, wenn geschmeid'ger Sextaccord
Sich findet ein am richt'gen Ort,
Die Bass-Monotonie zu brechen.

Doch lass zu oft ihn nicht mit sprechen,
Da Häufung solcher Klänge hindert,
Auch Klangesfrische stark vermindert.

Gut angewendete Sextaccorde.

208. Willst Septime du dann verwenden,
So denke, dass sie Künstlerhänden
Vertrauet sei, dass Vorbereitung
Ihr nöthig. Wie der Schlange Häutung
Allmählich sich vollzieht, so auch
Ist in der Tonkunst es der Brauch,
Gefährlichere Intervalle
Zu fangen in der Mausefalle
Der Vorbereitung. — Sie zu tödten
Dann, würd' der Künstler, ohn' Erröthen
Nicht fertig bringen, Lösung drum
Wird ihnen stets, o Publicum!

Nöthige Vorbereitung und Lösung der Septime.

Septaccorde der IIten,   Vten,   IVten,   VIIten Stufe.

Erwägend dieses, woll' bedenken
Ob alles so sich lasse lenken,
Dass angemessen dir erschiene
Der Septime Verwendung. — Diene
Zur Lehre dieser kleine Wink dir,
Da sehr schlecht manchmal sonst es ging' Dir!

209. Das übergreifende System
Macht dir die Arbeit recht bequem.
Im Bass sei As, G zu erschauen
(Des, C nachdem), dann magst du trauen
Dass die Verwendung möglich sein wird.
In andern Fällen meist unfein wird

Ein übermäss'ger Klang uns dünken.
Da, wie Trichinen in dem Schinken
Uns wenig freu'n, so jene Klänge
Manchmal uns bringen in's Gedränge,
Schlecht wirken in der andern Menge.

Bässe, welche für übermässige Accorde taugen.

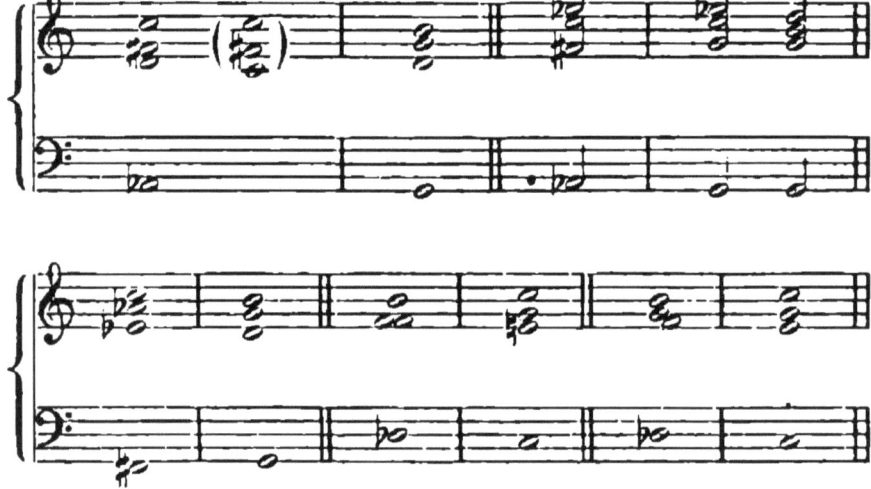

210. Hat Uebung dich so weit gebracht,
Dass solch' Arbeiten dir Vergnügen
Gewährt, du konntest auch genügen
Dem Lehrer, — lass' nicht aus der Acht,
Zu festgesetzten Melodien
Frei zu erfinden Harmonien.
Gedenk' auch da, dass uns Natur
Stets führen wird auf richt'ger Spur,
Dass was sich in gewohnten Schritten
Bewegt, sei allzeit wohlgelitten,
Und was dir, Freund, wie Ueberkraft
Erscheint, leicht steif und schülerhaft
Getauft wird von der Wissenschaft.

Gegebene Melodie harmonisirt.

Zweite Harmonisirung (in weiter Lage).

Achtundzwanzigstes Capitel.

Bist du der Arbeit Herr geworden
Zu schalten frei mit den Accorden,
Dein Uebungsmaterial zu mehren,
Lass dich vom Vorhalt nun belehren.

Vorhalt.

C (verzögert).

211. Du weisst schon, was ein solcher ist*)
Retardation nennt es der Franzmann,
Und logisch spricht er. Wirklich kann's man

---

*) Siehe Capitel 19.

Gern gelten lassen. — Es ermisst
Dein kluger Geist, dass vielen Vortheil
Wir vom Vorhalte ziehen mögen.

212. Geschmeidig scheint er allerwegen
Und schafft nicht selten schon uns dort Heil,
Wo Unglück Einfachheit uns brächte.
Weh' dem, der schlecht vom Vorhalt dächte.

213. Die Vorbereitung kann entbehren
Der Vorhalt kaum. Drum woll' gewähren
Ihm solche stets. — Hast du Verstand,
So wird sehr bald von dir erkannt
Der Ton, der sich zur Bindung eignet!

214. Doch manchmal es sich auch ereignet
Dass zur Verzög'rung taugen will
Kein Ton. — Dann überlege still
Ob zu harmon'schem Intervalle
Sich lenken lässt in diesem Falle
Etwelche Stimme. —

215. So vermeiden
Des Rhythmus Stillstand wir, bescheiden
Damit für jetzt uns, dass Bewegung

Nicht aufhör'. Prüf' mit Ueberlegung
Das hier besprochne, sieh', dass weit
Zur Ferne floh' die Schwierigkeit.

216. Zwar musst du Ziffern combiniren
Auf neue Weis', vor's Aug' zu führen
Uns Vorhaltsklanges Fremdgestalt.
Doch lernt sich dies in Praxi bald.
Wenn sicher du des Intervalles
In jedem Fall bist, weisst du Alles.

Bezifferung eines Vorhaltsbeispieles.

217. Kund ward dir, dass abwärts zu lenken
Der Vorhalt liebt. — Doch woll' gedenken
Der Vierklänge der Molltonart*),
Durch deren Wesen offenbart
Uns worden, dass zu manchen Stunden
Das Aufwärtsstreben gut gefunden
Ward von der Wissenschaft. — Ein Gis

*) Siehe Capitel 23.

Strebt stets zum A. — Drum lass dir dies
Gesagt sein: ward als Leiteton
Vorhalt von dir erkannt, mein Sohn,
So wirst du niemals übel handeln,
Lässt du getrost ihn aufwärts wandeln.

Aufwärtsgehendes Gis.

218. Prüf' weiter auch der Tonart Wesen.
Nicht selten wird Gis auserlesen,
Abwärts zum Fis den Schritt zu leiten.
Doch lass von mir dich dann bedeuten:
Zum Amoll nicht, — zum Emolldur
Drängt hin sothanen Klangs Natur.

Gis nach Fis: (gehört nach Emolldur).

(Emoll-
dur.)

Wird A-C-E-Gis in Amoll
Verwandt, — dann, Lieber, Niemand soll
Verhindern, Gis aufwärts zu streben.
So ist dir nun anheim gegeben,
Nach Wahl der Tonart frei zu schalten
Mit solchen heiklichsten Vorhalten.

9*

Wird schon unübersehbar schier
Accordgewirr vor'm Auge dir, —
(Denn Irrthum nicht den Geist dir quält
Ahnst Möglichkeiten, ungezählt
Du) —, wolle mich auch dispensiren,
Dir Einzelheiten vorzuführen.

    219. Die Praxis lehrt mit Schnelligkeit
Dich vieles, wozu Raum und Zeit,
Es abzuhandeln, mir versagt ist
Nur hör' noch dieses. Wenn's gewagt ist,
Den Vorhalt gänzlich zu vermeiden,
So möchten gern wir auch nicht leiden,
Dass du ohn' Unterbrechung ihn
Zugäbest deinen Harmonie'n.
Zwar günst'ger werden die Bedingungen
Durch Vorhaltstöne, da Verschlingungen
Wir von Accorden nun erschauen,
D'ran Aug' und Ohr sich will erbauen.

Doch wird zu grosse Häufung schaden
Der Einfachheit, — und überladen
Nennt leicht mein Freund, man deinen Styl.
Ob wohlmeinend, doch über's Ziel
Du schössest, nütztest dir nicht viel.

220. Nun wirst du manchmal es erleben
Dass durch Vorhaltes Lösung eben
Die Möglichkeit dir wollt' entschwinden
'Ne neue Vorhaltsnot' zu finden,
Doch tröste dich! es wird behagen
'Ner andern Stimm', nicht zu versagen
Den Beistand dir. Schau' drunten, wie
Sie abnimmt hülfreich dir die Müh'.

es fehlt as.   der Tenor übernimmt as.

221. Auch wisse noch: im Bass allein
Darf schon der Ton enthalten sein,
Den du verzögern willst durch Vorhalt,
Da andern Falles dir in's Ohr schallt
Ein Klang, der selber sich verneinet,
Weil dir in ihm zugleich erscheinet
Was vorhält und was vorgehalten,
So kann sich kein Gebild gestalten.
Und nur der Bass vermag zu tragen,
(Darüber werd' ich viel noch sagen)
Was andern schüfe grosse Plagen.

gut.   schlecht.

c (vorgehaltenes)
mit d (vorhaltendes).

Neunundzwanzigstes Capitel.

Kamst einst du in den Vatican
Und sahst den Vater Nil dir an,
Der froh behäbig ausgestreckt,
Von zwanzig Knäblein sieht bedeckt
Den ries'gen Leib, doch unbewusst
Der Last, sie schalten lässt mit Lust,
So denkst du, dass ein starker Mann
Auf sich viel trampeln lassen kann,
Kein Zorn und Aerger fasst ihn an.

222. Den starken Mann stell' ich dir vor
In uns'rer Kunst, — es ist der Bass.
Auf ihm ruht ohne Unterlass
Der Töne Menge, die dein Ohr
Vernimmt. Zu Anfang sagt' ich schon,
Dass solch' ein tiefer starker Ton,
Athletenkräftig überschwellend,
Sich Obertöne zugesellend,
Die seiner innern Kraft entquellend,
Zuerst begegnet uns, mein Sohn!

Der Bass als Träger der Obertöne.

Wer aus sich se!bst so viel erschuf
Naturgemäss fühlt den Beruf,
Als Stütze stets sich darzuleih'n.

223. Sei Orgelpunkt der Name sein!
Treibt man auf ihm auch Neckerei'n,
Erlaubt sich Dinge, die durchaus nicht
Dem Bass behagen, wird ein Graus nicht
Ihn gleich erfassen, seine Dickhaut
Auf ihre Stärk' und ihr Geschick baut.
Schau' abwärts nun, und du wirst senken
Beschämt den Blick. Denn zu gedenken
Vermagst du nicht, dass Töne wild
Sich einten je zu solchem Bild.

Orgelpunkt (auf dem Grundton, mit Bezifferung):
Bmoll.   Desdur.

Auf C —, Bmoll, Desdur frech prangen!
Selbst Hdur kann dort Sitz verlangen
Wenn H als A-Vorhalt will beugen
Dem Basse sich. Du siehst es zeigen
Sich Trägerkräfte, dass, mein Sohn,
Ein Kuli möcht' erröthen schon.
  Nun weisst du dass Kameeles Rücken
  Furchtbarste Last gefahrlos drücken
  Darf, — doch oft eines Haar's Gewicht
  Als Zulag' — ihm das Grat zerbricht.
Da nun die Kunst, zu überbürden
Beflissen nie, so siehst du, würden
Dem Bass zu widerspänst'ge Dinge
Mal zugemuthet, unterfinge
Er sich's wohl auch, statt sich zu plagen,
Als Träger Dienste zu versagen.

224. Den leitereigenen Accorden
Natürlich ist ein Platz geworden.

Leitereigene Accorde auf dem Grundton.

225. Das übergreifende System
Ist ihm noch nicht unangenehm.

Accorde des übergreifenden Systems.

226. Selbst terzverwandtes will behagen
Ihm, wenn sich nachher gut betragen
Die Klänge, die stark dissonirten, —
Uns hin zu linden Klängen führten.

Terzverwandte Töne.

227. Mit Desdur nicht den Frieden stör' ich,
Da solches zum Fmoll gehörig,
Doch Gesdur meide, liebes Kind.
Sehr leicht fasst Zorn den Bass geschwind.
Es erntet Sturm, wer säet Wind.

bedenklich.

228. Dann wirst in manchem schönen Stück
Bemerken du, dass oft mit Glück
Ward orgelpunctartig gestaltet
Die Oberstimm'. In dem Fall waltet
Der Künstler nicht so ungenirt
Wie einst. Denn Bass beladen wird
Mit mancher Last, die ihm zu tragen
Nicht schafft zu schlimmes Unbehagen.
Doch Oberstimm' darfst du bedrängen
Zu grausam nicht, da an ihr hängen
Die Tonlast soll. Drum meide weise,
Dich zu entfernen weit vom Gleise
Naturgemässer Harmonien,
Sonst Schönheit rasch will uns entflieh'n.

229. In gleicher Weis' woll' dich beschränken,
Zum Unnatürlichen nicht lenken
Den Schritt, fand einst der Orgelpunct,
Mit dem gar Mancher gerne prunkt
Inmitten sich der Harmonien.
Auch hier darf uns vorüberzieh'n
Manch fremder Klang. Doch ein Bezug
Zur Haupttonart thut noth. Genug
Findst du bei Beethoven und Schumann
Der Beispiel' vor. — Nach diesen thu' man
Sich richten. Dann stört Niemand's Ruh' man.

Oberstimme, orgelpunctartig festgehalten.

Orgelpunct in der Mitte. (Beethovens Cmoll Symphonie.)

(Das Doppel-C wird von den Trompeten geblasen.)

Dem Basse kannst du viel aufbürden
Eh' sich rebellisch zeigen würden
Die Kräfte sein. Doch übernimm'
Dich tollkühn nicht. Sonst geht es schlimm,
Wie ich gesagt. Es fasst ihn Grimm!
Wie oft die Mutter Erde schon
Dem Menschenbau gesprochen Hohn,
Paläste, Kirchen, ganze Städte
Begrub in ihrem Unruhbette,
So zittre, wenn durch Discordanz
Den Bass du aus der Ruhe ganz
Muskitoartig aufgerüttelt,
Da, wenn gereizt er nun sich schüttelt,
Die ganze Harrlichkeit dort oben
Im Nu verweht ist und zerstoben.
Maass ist ja überall zu loben.
Die allgemeine Regel drum
Sei kund dir liebes Publikum:
Was auf die Tonart sich bezieht
In enger'm oder weiter'm Glied
Wird Basses Kräfte übersteigen
Niemals. Doch widerspenstig zeigen
Dürft' er sich wohl, wenn sich Bemühungen
Kund gäben, aufzuzwingen Beziehungen
Die seinem Wesen widerstreben.
Dem Orgelpunct dann geht's an's Leben.

Nun fragt der schlaue Schüler endlich,
„Wenn man den armen Bass so schändlich
Behandelt, warum wird's gethan?"
Und denkt, er fühl' uns auf den Zahn.
Gar mancher spräch': Was geht dich's an?
Doch ich hab' meine Freude dran,
Wenn froh, zu fliehen Wissenswahn,
Sich kenntnissdurst'ge Schüler nah'n.
  Cadenz kann wohl uns thun genug
  Wenn sich in einem raschen Zug
  Das Tonstück will vor uns entfalten.
  Siehst du am Schluss die Dreizahl walten
  Der beiden Dominanten und
  Der Tonica, so sagst du: rund
  Und wohlig scheint mir abgeschlossen,
  Was ich hier an Musik genossen.
Doch manchmal liebt der Componist
Die kleinen Formen nicht, vermisst
Sich in's Endlose zu ergehen,
Dann, lieber Schüler, wird's geschehen,
Kommt er zum Abschluss, will Cadenz
Ihm g'nügen nicht. — Mit Vehemenz
Trotzdem er längstens mochte schliessen,
Soll Tonschwall noch sich fortergiessen.
  Da greift zum Orgelpunct er fröhlich,
  Des Basses Tragkraft macht ihn selig.
  Auf tiefem Ton, der in sich fest,
  Accord' er noch sich tummeln lässt,
  Bis dass er Tongewirres müde,
  Schafft, dass dem Bass werd' endlich Friede,
  Und gibt ein Ende seinem Liede.

230. Noch wisse, dass man sich befleisst
Den Grundton auszuwählen meist,
Um alle diese Last zu tragen.
Doch will auch Quinte uns behagen
Als Bass.

Orgelpunct auf der Dominante.

Selbst Terz ward schon erwählet
Doch sei dir, Lieber nicht verhehlet,
Dass Meister der schon heissen muss
Der dann uns schaffet Hochgenuss.
Wagst du's zur Zeit, dann gibt's Verdruss.

Orgelpunct auf der Terz.

(Schumann.)

Dreissigstes Capitel.

Wenn froh die Lerche trillert im Lenze,
Dann sagst du dir selbst: o Mensch, faullenze!
Entfliche flugs der grässlichen Stadt,
Der du seit langem geworden satt.
Die Eisenbahn entführet dich jach,
Dem kohlenstaubigen Ungemach,
Und, was dich erfreute im Traume nur,
Grüsst leiblich dich in Wald und Flur.
So wirst du des ewigen Cdur
Bald überdrüssig auch. Den Geist
Veründrung freut zu allermeist.

Er selig jeden Ausweg preist,
Der ihn dem Einerlei entreisst.
Die alte Tonart zu verlassen,
Die neue liebend zu umfassen,
Bewirket wird's durch Modulation.
Nun merk': in's Neue kommst du schon
Mit wen'gen Kniffen, doch alsdann
Fügt sich 'ne neue Arbeit an.
Der Schüler geht sehr ungern dran.
Und noch viel mehr die Schülerin,
Vielleicht liegt andres ihr im Sinn
Und dünkt es ihr kein Hochgewinn,
Zu festigen, was schon erreicht ist,
Obwohl bei alldem dies ganz leicht ist,
Wenn, wie ich bat, statt zu faullenzen,
Geübt mit Eifer sie Cadenzen.

231. In Cdur grüssten von fünf Stufen
Fünf Dreikläng' uns, die wohl berufen
Uns scheinen, Tonica zu werden.
Auch macht es diesen kaum Beschwerden,
Da Quinte klingt zum Grundton rein.
    Nun lass dir's erste Regel sein:
Soll wohl Modulation gelingen
Den Ton, zu welchem vorzudringen
Du strebst, schnell zu Gesicht zu bringen.

232. Dreiklänge, die der Tonart eigen,
Sich nach der Tonica gern zeigen.

Fünf Stufen-Dreiklänge der Cdur-Tonleiter, welche Toniken werden können.

So setz' sie ohne Scheu daneben
Reih' an Cadenz. Du wirst erleben
Dass neue Tonart ist befestigt,
Ein weit'res machen kaum sich lässt nicht.

233. Nach G- und Fdur, A- und D-
Auch Emoll kamst du so, doch eh'
Ich weitres lehre, merk' mir noch,
Da Emoll-Klang nach Cdur doch
Uns mässig nur erfreuen will,
So schweig' er lieber gänzlich still.

   Als sechste Stufe C gehöret
   Dem Emoll an schon, ungestöret
   Mag gleich Cadenz sich schliessen an.
   Erst jetzt man sich erfreuen kann.
   Du merkst, du thatest wohl daran.

234. Edur und Asdur sind erkannt
Von dir als Töne, nahverwandt
Dem C. Es ist dir nicht benommen
Sie ihm zu paaren. Doch will frommen
Wohl besser dir, wenn du verzichtest
Auf leichte Mittel, vielmehr richtest
Dein Aug' auf das nur, was gediegen.
Dann wirst du jeden Falles siegen.

Unmittelbare Folge (im Allgemeinen gestattet, werde hier vermieden.)

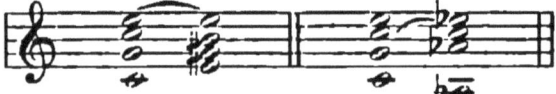

Gleiches Intervall E.   Gleiches Intervall C.

235. Der Trugschluss führte nach Asdur
Uns einst, gedenke daran nur,
So ist die Arbeit schon gethan,
Dem Asklang reih' Cadenz sich an.
Doch da Accordes Doppelterz
Cadenz-Eintritt oft hindert, Herz,
So füge nach dem Trugschluss stets
Die sechste Stufe ein, dann geht's.
Hörst nach Asdur du Fmoll klingen,
Wird's zweifellos dir wohl gelingen,
Cadenz uns zu Gesicht zu bringen.

Modulation nach Asdur.

Nach Edur kommen wir gar leicht,
Da Emoll uns die Mittel reicht.

236. Vom Molle Dur bekanntlich scheiden
Zwei Intervalle; eins der beiden,
Wenn vorgeführt, wird motiviren
Das andere. Gis praepariren
Wird drum ein Cis. — Nach C, das du
Im Quintsextklang gehört, geruh'
Cis einzuschieben. — Da nun matt
Dies klingen würde, setz' anstatt
Des A ein Ais in den Bass.

237. Auf diese Art erkenne, dass
Die Folge zweier Quint-Sextklänge
Durch gleiches Dur das Moll verdränge.
Mit zwingender Nothwendigkeit
Edur am Schlusse dar sich beut,
Dies Mittel nutzt zu mancher Zeit.

Unterschied der Moll- und Dur-Tonleiter.

Aus der Erinn'rung nicht entweichen
Soll, dass von As aus wir erreichen
Fmoll, Esdur auch.*) Di eses weisst du
Seit langem. So ermiss' im Geist du
Dass stets Modulation, die gut
Befunden, weitere Dienste thut,
Nach paralellem Ton dich leiten
Wird ohne Müh', und wie vor Zeiten
Du sahst, dass mit Asdur Fmoll
Sich uns erschliesst, so freudevoll
Sieh', dass Cismoll erreichbar auch.

238. Du kennst des Trugschlusses Gebrauch.
Woll' statt in Edur abzuschliessen
Nach Cismoll Hdur heissen fliessen,
Befestg' es dann und merke Dir,
Wie Trugschluss wirket Wunder schier.

*) Modulationen nach Fmoll und Esdur siehe Capitel 14.

Was weiter terzverwandt, lern' kennen,
A und Esdur muss ich dir nennen,
Woll' diesen nun ein Plätzchen gönnen.

Terzverwandte Klänge.

239. Wie nach Esdur du wirst gelangen,
Ist schon erledigt.*) Ohne Bangen
Blick' auf das andre Ziel. Wenn einst
Edur erreicht ward, kann, du meinst
Gleich mir, uns Adur nicht entgehen.
Die zwei Quint-Sextaccorde stehen
Zu Dienst uns, statt nach Moll zu schwenken,
In's Dur sie leichtlich dich einlenken.
Wenn D-F-A-H folget nach
Dis-Fis-A-H, fand wohl Obdach
A-Cis-E, alles andre nun
Cadenzenfreudige Schüler thun.

Modulation nach Adur und nach Fismoll.

240. Durch Trugschluss uns gewonnen ist
Fismoll gleichfalls. — Sieht er zur Frist
Zwölf Uebergänge uns gelungen,

*) Capitel 14.

Dann freudig sich dein Geist vermisst,
Die andern seien bald bezwungen.

6. Stufe von fis.

Zwölf Uebergänge: nach Edur, Cismoll, Adur, Fismoll, Asdur,
Fmoll, Esdur. Dazu nach G- und Fdur, nach A-, E-, Dmoll, (die zuerst gefundenen).

Einundreissigstes Capitel.

Wohl freuen kleine Parthien uns sehr,
Die bringen viel Lust, machen wenig Beschwer,
Doch manchmal regt sich der Trieb nach dem Fernen,
Das Unbekannte erfassen zu lernen,
Will locken dich, Freund, du fliehst in die Weite,
Ersehnest das Ungeahnte als Beute.
Je ferner, je froher, tönet dein Lied,
So fühlt auch manchmal des Künstlers Gemüth.
    Verwandtes nicht nur will er erjagen,
    Entleg'nes, Fremdes wird ihm behagen.
    Nun lerne, wie mit sicherem Kiel
    Du steuerst rasch zum weitesten Ziel.

241. Nach einer Seit' wie zu gewinnen
Fünf Kreuze, fünf Be nach der andern
Erspähe nun. — Du konntest wandern
Von G-H-D-F, (woll entsinnen
Dich dessen), nach H Moll und Dur.

242. Dies wissend, bist auf rechter Spur
Du schon. Fünf Kreuz' mit einem Schlage
Sind übersprungen, darum wage
Nach G-H-D-F ohn' Bedenken,
In den Hdur Klang einzulenken,
Und wie gebräuchlich abzuschliessen.
   Auch nach Hmoll will sich ergiessen
Der Septaccord. — So denke froh,
Nach z w e i Tonarten komm' ich so.

Siehe Capitel 24.

Modulationen nach Hmoll und Hdur.

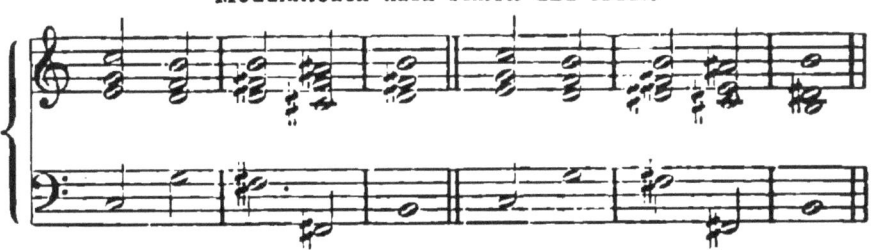

243. Will Asdur dem Trugschluss entspriessen
Das auf G-H-D folgen kann,
So schau den Des-Dur-Dreiklang an,
Der wie Asdur dem Gdur, — leicht sich
Dem Cdur anschliesst. Sag' mir, deucht dich
Dies nicht erwiesen? Also schau'
Fünf Be sind übersprungen schlau.

Wie As dem Gdur folgt Des dem Cdur.

244. Der Trugschluss führt Bmoll dir zu,
Von H aus Gismoll auch. Und du
Kannst stolz fünf Modulationen
Den frühern anreih'n. So wird lohnen
Sich's, wenn im Geist wir aufgebahrt,
Was einst uns eingetrichtert ward.

Modulationen nach Desdur und Bmoll.

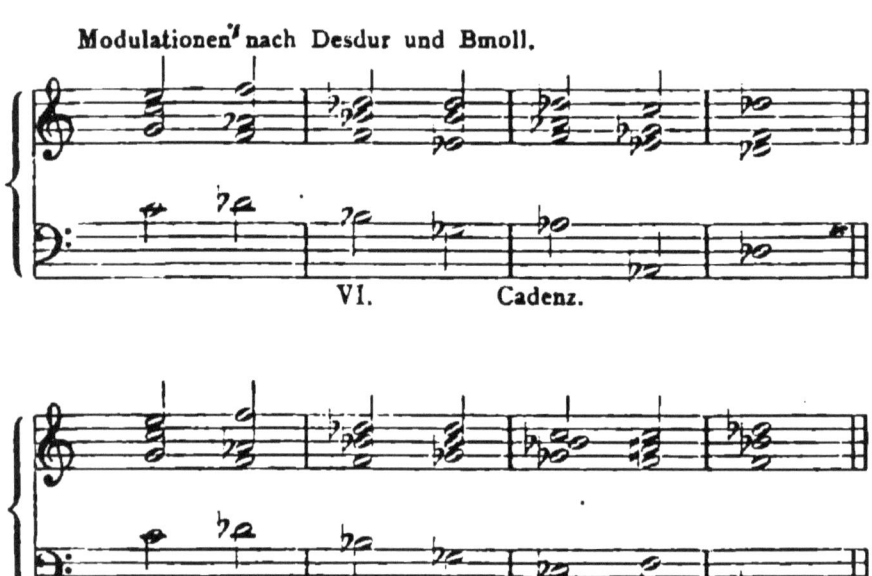

Modulation nach Gismoll (über Hdur).

245. Nun merke noch, da wir im Zug sind,
Dass Dominanten oft ein Fluch sind.
Das Fis-Dur, dem H-Dur Quartsext-
Accorde folgend, stört zunächst
Uns nicht, wenn im Ton H wir bleiben,
Doch willst nach Fis du selber treiben,
Macht dir die Dominante bang,
Denn nur als solche Fis erklang!
   Besinn' dann keinesfalls dich lang,
Cisdur-Septaccord einzuschieben.
Hier unten siehst du's hingeschrieben
Des Zweifels Trübsal wird zerstieben.
Denn nun als Tonica strahlt Fisdur,
Nachdem ihm ging voran ein Cisdur.

Modulation nach Fisdur.

Domin. v.   Tonica VI.   Cadenz.
Fisdur.

246. Auch Dismoll ist in deinem Bann,
Da Trugschluss es herzaubern kann,
Kurz, nirgends triffst du Hemmniss an.

Modulation nach Dismoll.

Eingeschobne   Dismoll.
Dominante   Cadenz.
von Fis.

Der Pedantrie wird gern beschuldigt,
Wer Oberflächlichem nicht huldigt,
So trifft auch mich der Richterspruch
Gleichfalls wohl, wenn in einem Zug
Ich will mehr Toniken als zwanzig
Cdur verbinden. Wer doch kann sich
Durchwinden durch solch' dicken Wald!
Getrost wir sind am Ende bald!
Zu thun bleibt übrig uns noch wenig
Durch diese Kund' gewiss versöhn' ich,
Die mich als zu gewissenhaft
Mit hochgenialem Hohn gestraft.

247. Die Doppelquint, (will ich dir künden),
Scheint schwer mit Cdur zu verbinden,
Denn schreibst du nach der Tonica
Den D-dur-Dreiklang, liegt es nah,
Dass du zurück zur Mitte kehren
Musst, und den Uebergang erschweren,
Zu dem dir, was du just verlassen!
Drum anders woll' das Ding anfassen.

Nach dieser Folge ist ein Rückgang nöthig, der von Ddur wieder entfernt.

Wie Hmoll zu erreichen, weisst du
Und flugs ermissest nun im Geist du,
Dass Ddur Paralleltonart,
Die mit Hmoll sich mühlos paart.

248. Trugschluss bringt leichtlich dich nach G
Und was noch Noth thut, wie's gescheh',
Müsst' ich's erst künden, Weh dir, Weh!
    So merk'! auf Umwegen erreicht man,
Was sonst nicht immer findet leicht man.

Modulation nach Ddur über Hmoll.
Trugschluss.   Cadenz.

Siehe die Modulation nach Esdur.   (Capitel 14.)

249. Bdur ergiebt sich dir unschwer
Da über Des ein Bmoll sehr
Bequem erlangt wird.   Darauf mögen
Die zwei Quintsextaccord' sich regen,
Dann bist du schnell auf guten Wegen.

250. Auch Gmoll sich uns mühlos gibt,
Doch später sei ein Gang geübt,
Der in der Praxis mehr beliebt.

Modulation nach Bdur.

Nach Gmoll.

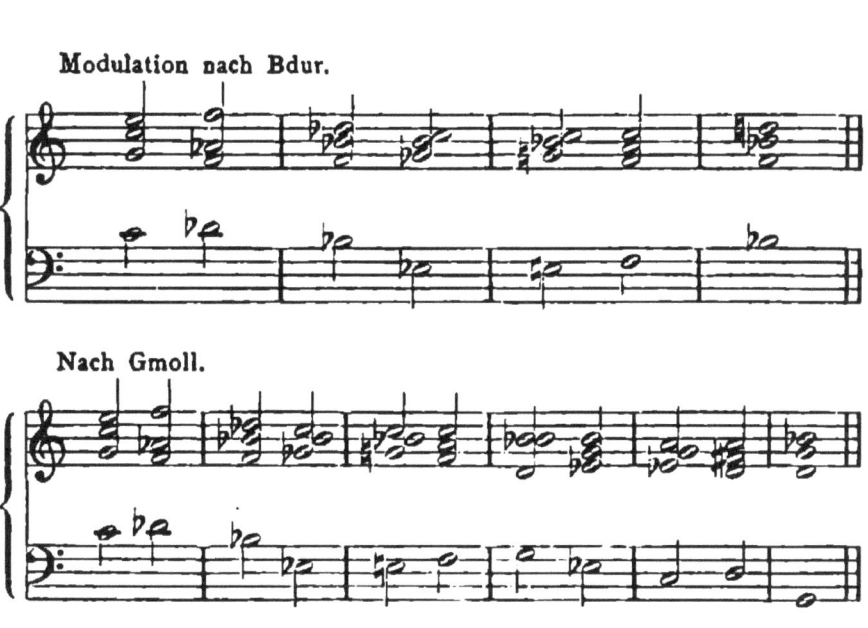

Erledigt sind die Modulationen nach:
Des, D, Es, E, F, Fis, G, As, A, B, Hdur;
cis, d, dis, e, f, fis, g, gis, a, b, hmoll.

251. Woll' das Gethane überschauen,
So wird dir vor dem Rest nicht grauen,
Cis, Ges, Ces-dur, Es und As-Moll
Von uns erledigt werden soll,
Dann ist die Tafel übervoll.

252. Mit einem Schlage mögen vier,
Mein Sohn bezwungen sein von dir.
Du hast nach Bmoll dich gefunden.
Dem Klange sei sofort verbunden
Die Gesdur-Oberdominant,
Als Terz-Quartklang sei sie verwandt
Dann leicht in's Gesdur einzuschwenken,
Verursacht dir wohl kaum Bedenken.

253. Und dennoch will mir, da erpicht,
Auf feine Haltung, dieses nicht
So sehr gefallen, denn verstimmt
Wird, wer gleich wahr die Absicht nimmt,
So sprach einst Tasso sehr ergrimmt.
Drum traue meinem Rath und füge
Cesdurklang ein, dass es uns trüge,
Dann wird das Ges ganz gênelos
Auftreten, uns erfreuen blos.
Wie Cesdur, Asmoll und Esmoll
Sich unsern Wünschen fügen soll,
Brauch' ich dir, Schüler, kaum zu lehren.
Woll' abwärts deine Blicke kehren.
Sieh, dass Cesdurklang uns sofort
Schafft stets an den gewünschten Ort.

Modulation nach Gesdur.

zu steif.

Modulation nach:

Gesdur.

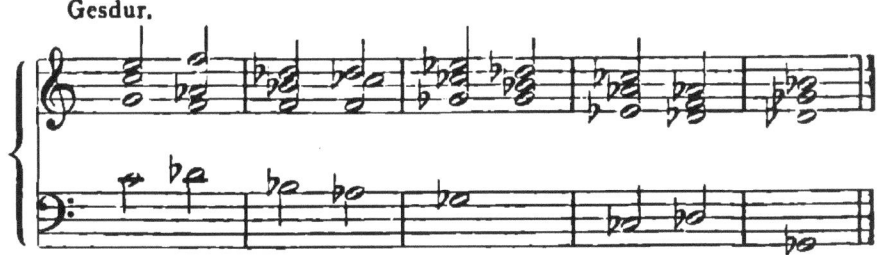

Cesdur.

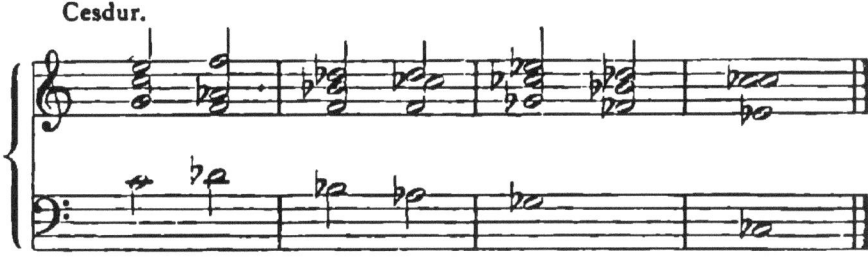

Asmoll.

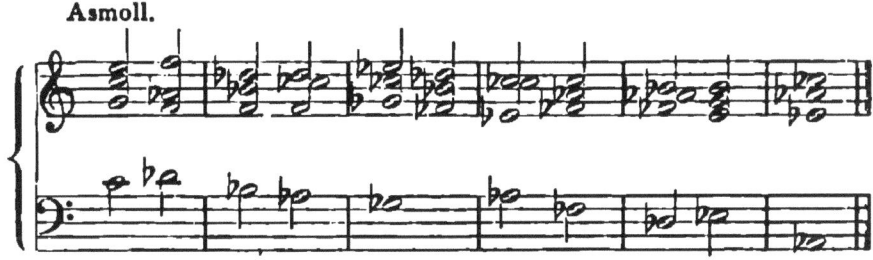

Esmoll.

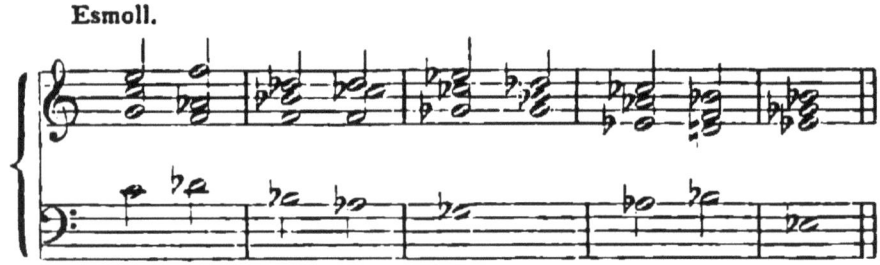

254. — Nun droht uns nur noch Cisdur dort.
Willst dies Geschäft du auch erledigen,
Find' nöthig ich, dir was zu predigen,
Da, falls Edur als Brück' erwählt wird,
Leicht gegen den Geschmack gefehlt wird.
Dasselbe Mittel dann verwenden
Würd'st du zweimal, dies dürfte schänden
Die Feinheit der Modulation,
Drum denk' auf andres lieber Sohn.
Wie wir nach Fismoll einst gekommen
Weisst 'u. Nun sei dir unbenommen,
Zu fügen an: Fis-Gis-His-Dis.
Erschallt dies, hemmt kein Hinderniss.
Ob Umkehrung, als Tonica
Tritt siegreich rasch uns Cisdur nah,
Mit ihm der Arbeit End' ist da!

Modulation nach Cisdur.

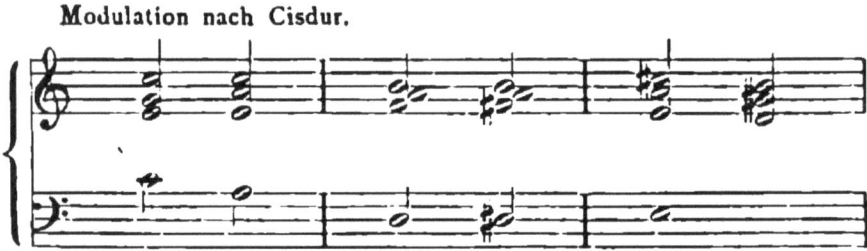

Dominante von Cis.

Sextaccord
von Cisdur.

Zweiundreissigstes Capitel.

So nach der Vielzahl der Tonarten
Lenkt' ich, o Schüler, deine Fahrten.
Mit wen'gen Mitteln lerntest du,
Sie zu erreichen fast im Nu,
Dass bass sich freuen die Gelahrten.
 Doch glaube nicht, dass abgeschlossen
 Die ganze Arbeit, aufgeschossen
 Erblick' Aufgaben neuer Art.
Erreicht zwar von Cdur aus ward
Alles was möglich. Weit're Wege
Doch woll' durchmessen. Denk' es läge
Die Aufgab' vor, von Des nach H
Zu wandern. Hm! Was meinst du da?

 255. Trotzdem brauchst du nicht zu erbangen
Denn leichtlich wirst du hingelangen!
Nur gilt's: die Uebergäng' verbinden.
Den Punkt wirst rasch und bald du finden,
Wo einer sich zum andern fügt.
Zu thun dir weiter nichts obliegt,
Als in der Mitt' Cadenz zu meiden
Dem letzten kommt sie zu der beiden,
Am Schluss nur mag ich gern sie leiden.

So werden dir sich schliesslich beugen
Die Töne all'. Beispiele zeigen
Dir wie sich jedes nun gestaltet.
Dass keine neue Kraft hier schaltet,
Ist klar. Bekanntes nur vorwaltet,
Nun übe in der Praxis fleissig
Die weitern Gänge all', auch preis' ich
Dich höchlich, wenn am Instrument
Man bald dich als 'nen Meister kennt.
Denn viel will sich der Feder fügen
Und nicht sich in die Finger schmiegen.
Versuch' auch hierin obzusiegen!

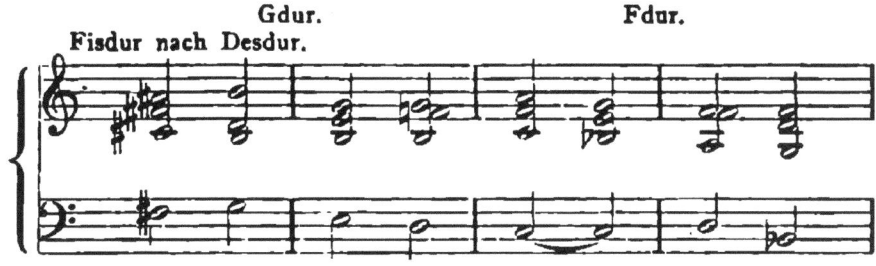

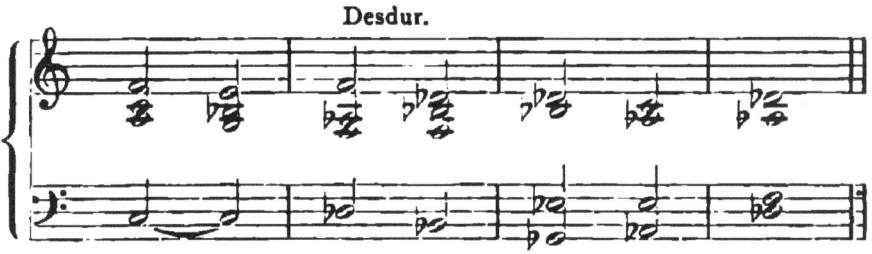

Wenn du ein Kochbuch einst erschaut
(Vor der Lectür' zwar manchen graut,)
So weisst du, dass 'nen Pudding braut
Die Köchin auf verschied'ne Art.
Ward einmal Zuthat nicht gespart,
Ein andermal wird sie verachtet.
Der Künstler so mit Vorlieb' trachtet,
Hülfsmittel thunlichst zu vermehren.
So lass dich einiges noch lehren,
Was dir nicht schädlich anzuhören.

256. Dass C und Adur terzverwandt
Wie C und Esdur ist bekannt.
Zur Noth sie nacheinander setzen
Magst du, ohn' zu sehr zu verletzen.

257. Doch musikalischer wird's klingen,
Wenn nebenher Septimen gingen,
Adur mit dem Ton G gepaart ist,
Bei Cdur nicht das B gespaart ist.

In gleicher Weise sei gefügt
Ein Des zum Esdur und nun liegt
Dir klar vor Augen, dass sich fanden
Hier dicht gelagert Dominanten.
Auch ward dir früher schon gekündet,*)
Wie an G-H-D-F sich bindet
Nicht ungern ein Gis-H-D-E.
Genau ist's, was ich hier erseh'.
Von Dominant-Septim'-Accorden
Ist eine Folg' enthüllet worden.

    Gar nützlich scheint sie, vor Gefahren,
    Darüber du noch nicht im klaren,
    Dich, lieber Schüler, zu bewahren.

Erträgliches Nebeneinander.   Gute Folgen.

Vier Dominanten, sich folgend.

Von einem Ding sagt ich dir nie was
Vertrauend, dass du Harmonie-Bass
Und Oberstimmen wolltest lenken
Wie sich's gebührt. Dann ohn' Bedenken
Konnt' ich die Kunde dir verschweigen
Von Dingen, die dem Style eigen,
Der dem Gesetz sich nicht will beugen.

---

*) Capitel 24.

258. Du kennst den Nähr- und Lehr'- und Wehr-Stand
So sei bekannt dir auch der Querstand.
Er wird erscheinen, wenn Accorden,
Die volle Freiheit ist geworden,
Sich zu verbinden, wem sie wollen.
Klar scheint, dass wir erleben sollen,
Was vorher scheute unser'n Blick.
Drum preise, Schüler dein Geschick,
Dass dir, der meine Lehre hörte,
Querstand die Seele nie beschwerte.
    Wenn terzverwandte Klänge du
Aufstörst aus ihrer wonn'gen Ruh
Sie zwingest anders sich zu paaren
Als sie gewohnt bis jetzo waren,
(So Cdur·Edur) siehst du, dass
Im Bass Gis nicht uns freuet bass
Wenn G wir hörten im Tenor
Vorher. — Nun sag' ich, kommt wohl vor,
Dass Stimmen, ohne zu verletzen
Fortschreiten, trotzend den Gesetzen,
Die itzt gelernt du; bei alldem
Der Querstand kaum je angenehm
Dem Ohr erscheinet. Folgt ein Gis
Dem G, so lenk' zu jenem dies!

Sonst giebt es schlechte Relation!
Der Name sagt genug wohl schon!
Vom Franzmann ist er uns gekommen,
Kaum hab' ich Treffend'res vernommen.

259. Derartig klingt nun manches schon,
Wo Querstand nicht zu sehn mein Sohn!
Ob ein Accord sich eingeschoben,
Die Wirknng ist noch nicht zerstoben.
AsDur hast du im Ohr, — kommt A
Zu rasch, scheint unbequem es da,
Und du; mein Lieber sagst verständig:
Zwar Querstand fehlt, doch klingt's querständig!

260. Ward durch'nen Trugschluss nun verstört
Dein Ohr, weil es im Basse hört
'Nen fremden Ton, der allzubald
Auftritt mit querständ'ger Gewalt,
So rath' ich, schieb' sorgfältig ein
'Ne andre Dominant, die fein
Durch Leiteton zu jenem führet
Dann ward vollbracht, was sich gebühret.

Querständiger   Eingeschobene
Effect.   Dominante.

Dir sei auch keineswegs verschwiegen,
Dass günst'ge Qualitäten liegen

Verborgen im verminderten
Septimenklang. Doch hinderten
Wir nur zu gern dich, sie zu nützen.
Dir wurden schon viel kräft'ge Stützen
Die mühlos trugen allerwärts
Dich. Darum wirst du ohne Schmerz
Auf ungediegnes Zeug verzichten,
Da solches fördert dich mit Nichten.
Wer sich erleichtert seine Arbeit,
Dem Blick als unsolid sich darbeut.

    261. Doch magst du wissen, dem Genie,
Das allem hohen Zauber lieh,
Versagt auch jener Klang sich nie.
Bewundr' ihn drum im Requiem
Von Mozart, wo er sehr vornehm
Anmuthet, unbestimmt trotzdem.

Mozarts Requiem (Confutatis).

    262. Auch denk' des Bdur in Amoll!
Zu Zeiten dieser Dreiklang soll
Uns überraschen, fügt Ihr gleich
Cadenz an. Denn er zaubert Euch
Hinüber in ein neues Reich.

11*

263. Auch umgekehrt wird wohl sich's fügen,
Wenn über Bdur Amoll siegen
Wir sehn, das eintritt unvermittelt
Und derb uns aus dem Schlafe rüttelt.
Dann wirst du tüchtig 'rum geschüttelt!

Bdur im Amoll.

H oben aufgegeben gegen B unten.

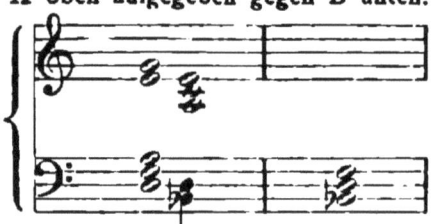

Bild der Tonart   Bdur-
übergreifend nach der   Dreiklang im
Unterdominante.   Amoll.

Von Amoll nach Bdur.

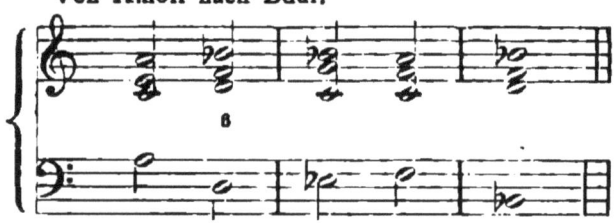

Von Bdur nach Amoll.

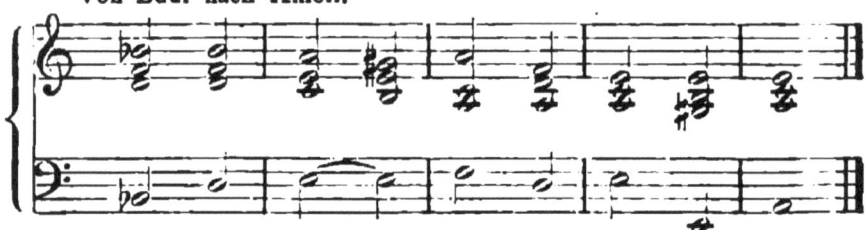

Dreiunddreisigstes Capitel.

Nun aber meinst du wär's genug!
Ach, ach, das ist des Wissens Fluch,
Dass schwierig ist, zu überwinden
Des Stoffes Fülle, Maass zu finden.
   Gern schlöss' ich hier, doch macht' abwendig
   Die Kritik ich, wenn unvollständig.
Und somit sei gestellt die Frage
Ob wir gewachsen sein der Lage,
Wenn statt von Cdur, von Amoll
Die Wandrung vor sich gehen soll.
Dass Moll, mit Dur verglichen, arm,
Schuf früher schon uns grossen Harm.
Wir mussten uns ein G erfinden,*)
Um Dreiklangsketten zu verbinden
Und sah'n trotzdem, dass unvermuthet
Uns Cdur plötzlich hat umfluthet,
Wenn wir dem Strom uns hingegeben
Ein wenig nur. — So woll' nicht streben
Vom Mollton aus zu moduliren.
Such' schnell Durtonart zu berühren
Und dann erst wirf dich in das Tonmeer!
Auf diese Weise glückt's dir schon mehr.

264. Zu manchen Durton wird dich leiten
Die Dominante sein. Leicht schreiten
Wirst von Amoll aus, Schüler, du
Nach C, D, E, F, G. Im Nu
Der Dreiklang führt dich nach Cdur.
Noth thut Secundaccord dir nur
(G-A-Cis-E), Ddur zu fassen.

---

*) Siehe Capitel 15.

Für E will uns der Dreiklang passen
Von H.   Nach F wirst du gelangen,
Wenn über G im Basse prangen
Terzquart-Klang will.   Doch der Quintsext-
Accord führt dich nach G zunächst.

265. Erreichbar scheint uns selbst Bdur.
Fdur verschmähend, wolle nur
Nach dem Terzquartaccord einfügen
F-B-D-F. — Es wird genügen,
Dich jener Tonart nah zu bringen.
So sieh!   Ganz leichtlich will's gelingen,
Zu tauschen mit Amoll Durtöne!

Von Amoll nach:

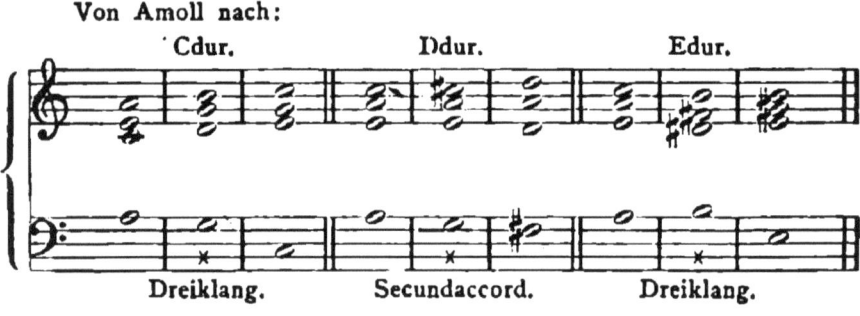

Von Amoll nach Bdur (wie über F).

Quartsextaccord
eingefügt.

266. Auf dass dein Geist sich nicht entwöhne,
Derselben Namen zu behalten,
So lass die Praxis mal hier schalten.
A mit B, C, D, E, F, G
Verbunden ward. — Des A-B-C
Gedenke und niemals entschwinden
Wird solche Reih' dir. Aufzufinden
Erscheint selbst leicht in fremder Tonart
Die Folge, wenn es klar dir, Sohn, ward,
Dass A Terz der F d u r Tonleiter.
Von hier steig' stufenweis' du weiter.

267. So von Terz Dis aus niemals man
Die Tonleiter verfehlen kann
Von H, nach E, Fis, Gis, Ais
H, Cis gelangst du ganz gewiss.

Terz d. Fdur-Tonleiter.　　　　　Fdur-Tonleiter.

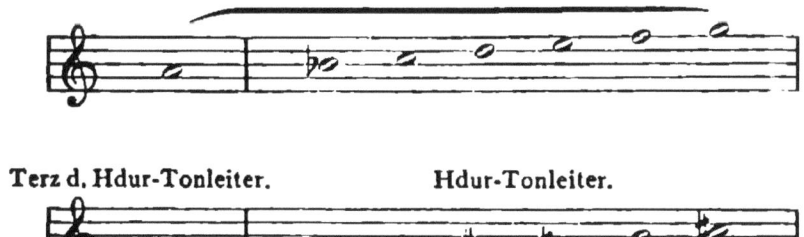

Terz d. Hdur-Tonleiter.　　　　　Hdur-Tonleiter.

Nun brauchst du freilich schon Verstand,
Dass jener Ton sei schnell erkannt
Der dir am besten dienen mag.
Nicht jeder, das liegt klar am Tag,
Wird tauglich sein! Drum sei versucht,
Durch Beispiel' welche hier gebucht,
Dich in die Praxis einzuführen:
Bald wirst du alle Furcht verlieren
Und dich von selber tüchtig rühren.

268. Von Amoll nach Gesdur zu gehn
Bist du beauftragt, nun lass seh'n,
Zu welchem Durklang wir uns wenden.
C wird uns mag're Hilfe spenden
Gar keine D, E, G —, doch B
Wär' passender, so ich versteh'
Dur zu vertauschen mit dem Moll.
Trugschluss gar freudig Hilfe soll
Uns bieten, den Gesdur-Accord
Höchstselbst, bringt er dir auf mein Wort.

269. Noch leichter ist's, wird F erwählet
Da Trugschluss hier auch ungequälet
Uns Gesdur bringt, dahin wir streben.
Gar manche Möglichkeit ergeben
Wird oft sich dir, in Zweifel schweben
Wird oft dein Geist, betreffs der Wahl,
Denn wer die Wahl hat, hat die Qual.
Trotzdem erfreulich ist's manchmal.

Von Amoll über Bdur nach Gesdur.

Von Amoll über Fdur nach Gesdur.

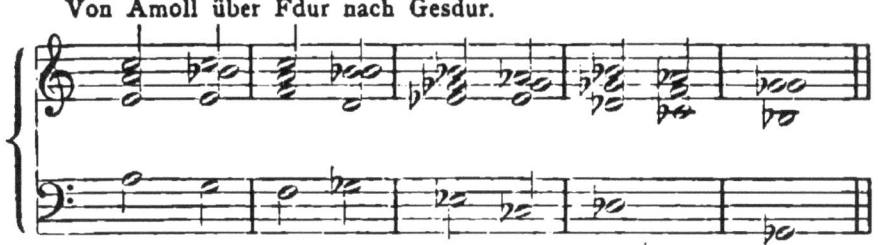

270. Wenn du von Cmoll nach Gismoll
Wallfahren willst, Des, Es, F soll
Auch As, B, nicht vorhanden sein
Für uns, das gute G allein
Bringt uns in's Reich der Kreuz' hinein.
 Nun weisst du, wie von G nach H
 Zu kommen, denn dein Geist ersah',
 Dass zwei Quintsextaccorde hier
 Wie einst, von grossem Nutzen dir.
Von Hdur ist Parallelton
Gismoll. Mit diesem Wort, mein Sohn,
Sagt' ich für dich genug wohl schon.
 So siehst du, wie auf's Neu zerstieben
 Die Hemmnisse, die noch geblieben.

Von Cmoll nach Gismoll (über Gdur, Hdur).

Von einem Schritt hör' noch die Kunde,
Der anwendbar zu mancher Stunde,
Und in viel Fällen Vortheil bringt.
Du weisst, dass es nicht leicht gelingt,

Zur Doppelquinte fortzuschreiten.
Umwege mussten einst dich leiten
Von C nach Ddur. Nach Gmoll
Von Amoll doch sehr einfach soll
Erled'gen sich Modulation.
Den Unterschied kennst gut du schon
Von Dur und Moll, da Terz und Sext
Dem Prüferblick erscheint zunächst
Verschiedenartig von Gestalt.
   Wie durch Dur-Sext Dur-Terz alsbald
   Berechtigt wurde aufzutreten,
   Erscheint uns nun nicht ungebeten
   Die Mollterz, wenn ihr ging voran
   Mollsexte. — Also lasse man
   Ein Es ertönen, wenn Gmoll
   Dem Amoll baldigst folgen soll.

271. Quintsextaccord führt nach Gdur
Ihm woll' vorangesetzt sein nur
G-A-C-Es, durch Gmoll wird
Dann nimmer das Gefühl beirrt.

B motivirt durch Es vorher.

272. Für manchen and'ren Uebergang
Ist dieser Schritt wohl von Belang.
Sieh wie wir Cesdur leicht erreichen,
Gesdur, Asdur, Esmoll desgleichen.
Drum dem Gedächtniss nicht entweichen
Lass' was ich dich allhier gelehrt.

Veränderte Modulationen von Cdur aus:
Nach Gmoll.

Nach Gesdur.

Nach Cesdur.

Nach Asmoll.

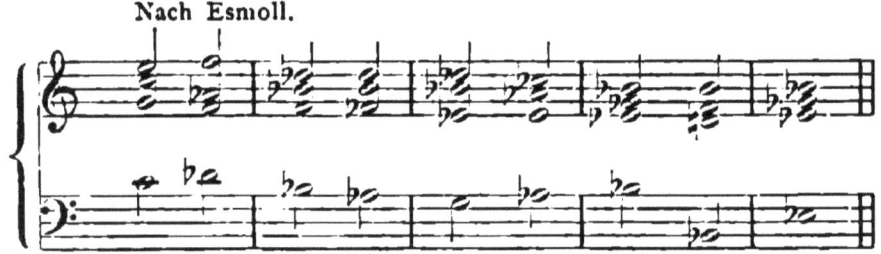

Nach Esmoll.

Dann glaub' dass es sich gut bewährt,
Wenn du von den Molltönen allen,
Die ausser A dem Ohr erschallen,
Dich übst in Uebergängen fleissig.
Wie viel das nützet, Lieber, weiss ich.
Ist dies erledigt, nicht vergiss',
Dass, fandest du kein Hinderniss
Am Schreibtisch, — öfters am Clavier
Das Ding erscheint höchst graulich dir.
   Drum lern' auf's Schreiben bald verzichten
   Die Finger gleichfalls gut abrichten
   Sonst bist vollkommen du mit Nichten.
Nun wird dir mancher weise Mann
Beweisen, dass viel leichter kann
Der Uebergang sich oft gestalten,
Lässt Enharmonik frei man schalten;
Doch fürchte ihr verderblich Walten.
   Die grössten Fernen überschritten
   Sind ohne ihre Hülfe. Bitten
   Drum will ich, dass sie nicht gelitten
Von dir sei, ja vielmehr verbannt,
Bis deiner Feder zuerkannnt
Man einstimmig die Meisterhand.

Vierunddreissigstes Capitel.

Mein lieber Schüler, nicht ergrimme,
Beraub' ich jetzt dich e i n e r Stimme,

Denn, dass du vom dreistimm'gen Satz,
Auch andern, hörst, thut Noth, mein Schatz.
   Zwar hat Natur uns wohl gegeben
   Vier Stimmen, — doch kommt's vor im Leben,
   Dass man in kleinerer Gesellschaft
   Uns alle vier nicht gleich zur Stell' schafft.
So lass versuchen drum mit dreien
Uns zu behelfen, selbst mit zweien.
Dann wirst du gröss'rer Füll' dich freuen,
Kannst du vierstimm'gen Satz erneuen,
Sogar fünfstimmigem dich weihen.
   Der Dreiklang nur drei Tön' umfasst,
   Verdopplung war ein lieber Gast,
   Doch jetzo wird sie uns entbehrlich.
   Für's Erste schien es kaum gefährlich,
   Zu wirthschaften mit nur drei Tönen.
   Doch muss man freilich sich gewöhnen,
   Verzicht zu thun auf manches Liebe
   Dass gern mitmacht im Tongetriebe.

273. Willst practisch du verfahren, Freund,
Vierstimm'gen Satz nimm' vor; erscheint
Dir möglich, Tonlast zu vermindern,
Lass dich durch Nichts am Streichen hindern.
   H-D-F kommt zu Ehren hier.
   Als Sextaccord erscheint es dir
   Genügend, Oberdominante
   Uns zu ersetzen. So verkannnte
   Man manchen Freund in Glückes Zeiten,
   Der uns noch Labsal sollt' bereiten,
   Wenn schwanden früh're Herrlichkeiten.

Verminderter Dreiklang, die Oberdominante in der Cadenz ersetzend.

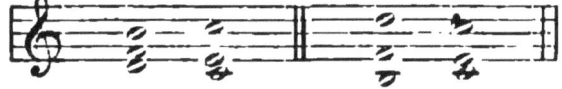

Oft wird sich 's nun ergeben ferner
Dass uns der Dreiklang, obwohl gern er
Sich zeigt in seiner vollen Pracht,
⌣Doch grade so nicht glücklich macht.

274. Die Regel wolle dir einprägen
Vollständigkeit ist allerwegen
Vorzüglich, doch kommt Hemmniss drein,
„Lieb' Vaterland, magst ruhig sein",
Zur Noth geht's allemal mit zwei'n.
Mit Theorie dich noch zu quälen
Passt mir, (ich will dir's nicht verhehlen,)
Hier kaum. — Es mögen dir erzählen
Die Beispiel', so du siehst notiret
Wie Weisheit dich zum Ziele führet,
Dein Füsschen nimmer sich verlieret.

Reduction eines vierstimmigen Satzes:

auf einen dreistimmigen.

auf einen zweistimmigen.

Freierfundener dreistimmiger Satz.

Dom.   U.-D.   5te   Dom.
(Moll)Stufe.

verm.   Cadenz.
7accord.

275. Zwei Herzen, die erglüh'n in Flammen
Zu zweit wohl singen gern zusammen.
Die andern Stimmen man entbehrt
Sehr leicht, — als von geringer'm Werth.

276. Dann wird nach Terz und Sext verlangen
Dein Ohr. Doch sei nicht zu befangen,
Tritt dir Octav' und Quinte nah. —
Nicht leer erscheinen wird dir d a
Solch Intervall, wo nur mit Zwang
Du uns verschaffest Terzenklang.

Frei erfundener zweistimmiger Satz.

gute
leere Quinte.

gute
Octave.

277. F-H soll gern uns wiederspiegeln
Die Dominante. Doch aufwiegeln
Wirst Schüler du das Tonbewusstsein,
Möcht' Terzenfolg' dir eine Lust sein!

Falsche Terzparallelen.
schlecht.

Tritonus.

schlecht.

nicht schlecht,
aber nur stets aus-
nahmsweise zu ge-
brauchen.

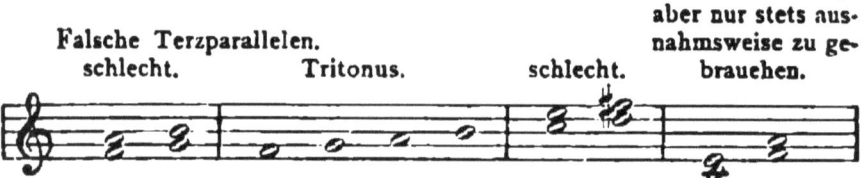

278. Ein schönes Wechseln schaff' Vergnügen.
Lass' Terzen sich an Sexten fügen.
Zuweilen mag dazwischen liegen
Quint, selbst Octav', doch Einerlei
Vermeide hier, wo du durch zwei
Der Töne nur uns willst ergötzen.
Abwechs'lung muss hier viel ersetzen.

Längere Terzen- und Septimenfolgen sind zu vermeiden. schlecht.

statt dessen besser:

Wie falsche Quintenparallelen
Uns einst geärgert, nicht verhehlen
Darf ich dir, dass die grossen Terzen
Gleichfalls uns sind verhasst von Herzen,
Wenn auf einander folgen nackt sie,
Indem dann klingen ganz vertrackt sie.
Besonders scheu F-A — G-H.
Der Tritonus ist sonst schon da.

279. Auch mög', nachdem du lerntest schalten
Mit wen'gen, nun des Reichthums walten
Die Feder dein, fünf Stimmen fügen
Zum Klanggespinnste. — Mit Vergnügen
Wirst du gewahr, dass nun vergönnen
Die Muse will, dass freier walten
Du lassest des Vierklangs Gestalten,
Die jetzt sich froh entfalten können.

Umänderung des Beispieles von 274 in einen fünfstimmigen Satz.

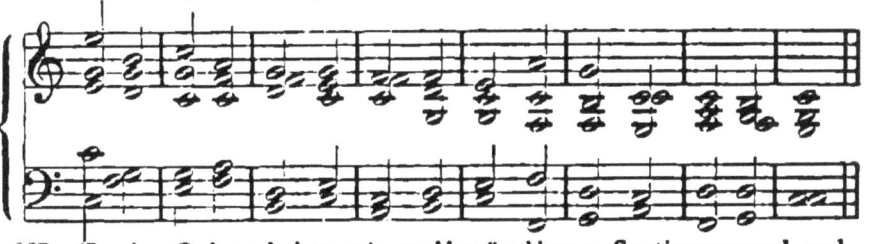

NB. (In der Cadenz haben wir vollständigen Septimenaccord und
vollständigen Dreiklang.

280. Wenn sonst der gute Bass sich schmählich
Langsam bewegen musst', mühselig,
So schall' er kräftig, wie zuvor
Mit Quart und Quintschritt nun in's Ohr
Cadenz auch kommt uns voller vor.

Septimenkette fünfstimmig.

281. Viel Regeln will ich dir nicht geben
Als Hauptprincip lass dir vorschweben,
Der Vierklang stets bevorzugt sei.
Im Uebrigen sei nicht zu scheu,
Wenn sich verdeckt Oktaven zeigen.
Je mehr der Stimmen, mehr auch schweigen
Die einst sehr peinlichen Gesetze.
Doch ohne Noth uns nicht verletze,
Sonst würd' kein Ohr sich huldvoll neigen!

Frei erfundener fünfstimmiger Satz.

Vorzüglich freut mich's, dass wenn nicht
Du ganz des Satzes Meister worden,
Dir's bei vierstimm'gen Accorden
Nachher nie an Geschick gebricht.
 Drum übe den fünfstimm'gen Satz.
 Kommst du nicht gleich damit vom Platz
 Für and'res hilft er doch, mein Schatz.

Fünfunddreissigstes Capitel.

Zum Ende will mein Lied sich neigen,
Und doch will noch sich manches zeigen
Das nicht gern ich dir mögt' verschweigen.
 So hat die längstvergang'ne Zeit
 An vielen Klängen sich erfreut,
 Davon noch nie dir Kunde geworden,
 Noch werden soll. Von Nonenaccorden
 Doch scheint es mir räthlich, dir zu sprechen
 Da sie uns oft in's Auge stechen,
 Und äusserst scheusslich angewendet,
Uns ärgern sehr, indem geschändet
Die Tonkunst scheint durch solch Verfahren.
Mög' dich ein gnäd'ger Gott bewahren
An solchen Klängen dich zu freun,
Die unwürdig, ja frech, gemein,
Jetzt in der Operett' gedeih'n!

282. Als Vorhalt will dir wohl erscheinen
Sothaner Klang. Doch nicht vereinen
Die Geister sich, ob wohlgethan,
Als selbständig zu schau'n ihn an,
Ob ihn als Vorhalt gelten lassen,
Der Wissenschaft will besser passen.
 Gewiss ist solches, e x i s t i r e n
 Thut dieses Ding, und sich aufführen,

Als ob ihm Unabhängigkeit
Zu weigern, gar nicht an der Zeit.

Nonenaccorde.

283. Lässt H-D-F mit D-F-As
Ertönen du, so weisst du, dass
Der Septaccord der siebten Stufe
Im Moll, antwortet deinem Rufe.

Entstehung der Septimenaccorde 7ter Stufe.

284. Nun denke, zu H-D-F-As
Gesell' G-H-D-F sich. Lass'
Die fünf zusammenklingen, Freund
Der kleine Nonenaccord erscheint.
Der Dominant-Septime paar' sich.
H-D-F-A, wird auf ein Haar sich
Die Sache gleichen, nur die None
Erscheint dann gross dir zweifelsohne.

Entstehung der beiden Nonenaccorde.

Mit mehr mag ich dich nicht beschweren.
Die Dinger kennen dich zu lehren
Ist nöthig, will sich so gehören.

285. Merk' dass sehr wohl an ihrem Platze
Sind beide im fünfstimm'gen Satze.

286. Schreibst du vierstimmig, so lass fort
Die Quinte, die am mind'sten dort
Von Nöthen.

287. Woll' notirt erblicken
Die Ziffern, die es sich will schicken,
Zu brauchen.

288. Schliesslich magst du wissen,
Dass, ob auch trotzend Hindernissen
Solch' ein Accord sich frei dir vorstellt,
Doch stets uns unbequem in's Ohr fällt
Unvorbereitete Erscheinung.
Drum füge dich hier meiner Meinung:
Es sei die Non' As oder A —
Vorher bereits tret' dies uns nah'!

Nonenaccorde im vierstimmigen Satze.

Bezifferung.

Nöthige Vorbereitung.

Nun wird wohl mancher sehr erstaunen,
Dass ich dir nichts ins Ohr wollt' raunen
Von Durchgangs- und von Wechsel-Noten.
Doch hab' ich mir das fest verboten.
Denn dies gehört der Melodie an,
Geht wenig nur die Harmonie an!

289. Von Anseh'n aber lern' sie kennen!
Als Durchgangsnoten wir benennen,
Die von harmon'schem Intervalle
Zu eben solchem führen.

290. Alle
Die Leitertöne von C-dur
(Dies liegt in ihrer Ton-Natur)
Lass' tönen du zum Cdur Dreiklang.
Wenn G-A-H-C etwas frei klang,
So sagt dir doch dein eig'nes Ohr,
So was komm' alle Stunden vor.

291. Bedenklich ist's, wenn du mit H
Beschliessen willst die Tonscala,
Da H sich wird rebellisch zeigen,
Wenn ihm die siebte Stufe eigen.

292. Liegt's unter'm Grundton, Freund, alsdann
Die sieben Töne mühlos man
Auf den C-Dreiklang setzen kann.
Und dass mich einst kein Wahn geirrt,
Aufs Neue hier bestätigt wird.

schlecht.

gut. natürliche Tonleiter. gut.

Durchgangsnoten auf verschiedenen Accorden.

293. Die Wechselnote kecker ist,
Frie eintretend, sich gern vermisst,
Dem Anschein nach zu ignoriren
Die Harmonie, auf der spaziren
Zu gehn, dem kühnen Ding beliebt.
Für Uebermuth 'ne Grenze giebt
Es allerwegs. Es muss anschliessen

Melodisch sie und bald ergiessen
Sich in den rein harmon'schen Klang.
Sonst macht ihr Wesen uns wohl bang
Und wird gelitten nicht ihr Sang.

294. Ein H-D mag das C umfliessen,
Fis-A das G; zusammenschliessen
Doch muss sich beides in den Hauptton,
Denn sonst bist du der Ruh' beraubt schon.

Zwar könnt' ich dir noch manches zeigen,
Doch ist's dem Contrapunct schon eigen.
So lass mein Lied zu End' sich neigen.
Auch will ich selbst mir nicht verhehlen,
Die Verse sind nicht mehr zu zählen,
Hört ich nicht auf, Du würdest schmählen!
Drum schweig' ich, des Vollbrachten froh,
(Nicht immer geht's am Schlusse so)
Empfehlend mich dem lieben Publico!